Vente du 21 au 24 Février 1888

(MAISON SILVESTRE)

CATALOGUE

DES

LIVRES ANCIENS

ET MODERNES

COMPOSANT

LA BIBLIOTHÈQUE DE FEU M. ED. SÉNEMAUD

ANCIEN ARCHIVISTE DES ARDENNES

DEUXIÈME PARTIE

MANUSCRITS — INCUNABLES — IMPRESSIONS GOTHIQUES
OUVRAGES ET TRAITÉS DE GERSON — NOMBREUSES ÉDITIONS DE L'IMITATION
POÈTES FRANÇAIS — HISTOIRE DE FRANCE
HISTOIRE DES PROVINCES — RÉUNION IMPORTANTE D'OUVRAGES
SUR LA CHAMPAGNE, LES ARDENNES, ETC.
LIVRES SUR LA NOBLESSE — BIBLIOGRAPHIE — CHARTES
ETC., ETC.

PARIS

LABITTE, ÉM. PAUL ET Cⁱᵉ

LIBRAIRES DE LA BIBLIOTHÈQUE NATIONALE

4, RUE DE LILLE, 4

1888

CATALOGUE

DES

LIVRES ANCIENS

ET MODERNES

LA VENTE AURA LIEU

Du Mardi 21 au Vendredi 24 Février 1888

A 7 heures et demie du soir

RUE DES BONS-ENFANTS, 28 (MAISON SILVESTRE)

SALLE N° 1

Par le ministère de Mᵉ MAURICE DELESTRE, commissaire-priseur

27, RUE DROUOT

Assisté de M. ÉM. PAUL, libraire-expert

4, RUE DE LILLE

ORDRE DES VACATIONS

		Numéros.
PREMIÈRE VACATION. — *Mardi 21 février.*	405 à	619
DEUXIÈME VACATION. — *Mercredi 22 février.* . .	620 à	839
TROISIÈME VACATION. — *Jeudi 23 février.*	840 à	1051
QUATRIÈME VACATION. — *Vendredi 24 février.* . .	1052 à	1241

LIVRES EN LOTS

CONDITIONS DE LA VENTE

La vente se fait expressément au comptant.

Les acquéreurs payeront 5 p. 100 en sus des enchères, applicables aux frais.

Il y aura exposition chaque jour de vente, de 1 à 2 heures.

Les livres devront être collationnés dans les vingt-quatre heures de l'adjudication. Passé ce délai, ou une fois sortis de la salle de vente, ils ne seront repris pour aucune cause.

M. ÉM. PAUL, chargé de la vente, remplira les commissions des personnes qui ne pourraient y assister.

CATALOGUE

DES

LIVRES ANCIENS

ET MODERNES

COMPOSANT

LA BIBLIOTHÈQUE DE FEU M. ED. SÉNEMAUD

ANCIEN ARCHIVISTE DES ARDENNES

DEUXIÈME PARTIE

MANUSCRITS — INCUNABLES — IMPRESSIONS GOTHIQUES

OUVRAGES ET TRAITÉS DE GERSON — NOMBREUSES ÉDITIONS DE L'IMITATION

POÈTES FRANÇAIS — HISTOIRE DE FRANCE

HISTOIRE DES PROVINCES — RÉUNION IMPORTANTE D'OUVRAGES

SUR LA CHAMPAGNE, LES ARDENNES, ETC.

LIVRES SUR LA NOBLESSE — BIBLIOGRAPHIE — CHARTES

ETC., ETC.

PARIS

LABITTE, ÉM. PAUL ET Cᴵᴱ

LIBRAIRES DE LA BIBLIOTHÈQUE NATIONALE

4, RUE DE LILLE, 4

1888

CATALOGUE

DE LA

BIBLIOTHÈQUE

DE FEU

M. ED. SÉNEMAUD

ANCIEN ARCHIVISTE DES ARDENNES

DEUXIÈME PARTIE

THÉOLOGIE

405. Biblia sacra ad optima quæque veteris, ut vocant, tralationis exemplaria summa diligentia, pariq; fide castigata. *Lugduni, apud Joan. Tornæsium,* 1558, in-8 à 2 col. fig. à mi-page, ais de bois recouverts en peau de truie avec orn. à froid.

> Taches et soulignures à l'encre.
> Reliure de l'époque fatiguée, un des plats détaché.

406. La Bible qui est toute la Saincte Escriture du Vieil et Nouveau Testament, autrement l'Ancienne et la Nouvelle Alliance. Le tout reveu et conféré sur les textes hebrieux et grecs. *A Sedan, par Jean Jannon, imprimeur de l'Académie,* 1633, in-12, mar. r. dos orné, fil. tr. dor. (*Rel. anc. fatiguée.*)

> Bible protestante de la version de Genève, imprimée en caractère très fin appelé *petite sedanoise.* L'imprimeur Jean Jannon, de la religion protestante, était un ancien ouvrier typographe de Robert Estienne III ; il s'établit à Sedan en 1611 et exerça jusqu'en 1641.

407. Novum Jesu Christi Domini Nostri Testamentum, ex regiis aliisque optimis editionibus cum cura expressum (græce). *Sedanum, ex typographia et typis novissimis Joannis Jannoni,* 1628 (à la fin : 1629), in-32 de 571 pp. mar. noir, dos orné, bordure de mar. r. avec dent. dor. sur les plats, gardes en papier dor. tr. dor. (*Rel. anc.*)

> Charmante édition en caractères grecs microscopiques et où il n'y aurait que trois fautes d'impression.

408. — Le même ouvrage, même édition. In-32, de 571 pp. mar. noir, dos orné, dent. gardes en papier doré, tr. dor. (*Rel. anc. fatiguée.*)

Exemplaire court de marges.

409. Le Nouveau Testament de Notre-Seigneur Jésus-Christ, traduit en français selon l'édition vulgate, avec les différences du grec. Nouvelle édition. *A Mons, chez Gaspard Migeot, s. d.* 2 vol. in-8, mar. r. jans. tr. dor. (*Rel. anc.*)

410. Rationale divino|rum officiorum ‖. (A la fin :) *Finit Rationale divinorū officiorū editum p reverendissimū in Christo prēm ac‖dūm : Guilhelmū Duranti : dei z aplice sedis gratia Epm Minatēn. qui z ‖ speculum iuris z patrum pontificale composuit. Impressum Basilce p Nicolaū Kesler,* 1488, in-fol. goth. de 3 ff. prél. non chiff. et 248 ff. chiff. à 2 col. chag. r. fil. tr. dor.

Mouillures au titre. Notes marginales manuscrites.

411. Breviarium secundum usum insignis ecclesiæ Cathalaunensis, jussu domini Claudii Antonii de Choiseul Beaupré, episcopi comitis Cathalaunensis editum. *Cathalauni, Seneuze,* 1736, 4 vol. gr. in-8, réglés, fig. mar. r. dos orné, large dent. sur les plats, doublé de tabis vert, tr. dor. (*Rel. anc.*)

Bréviaire à l'usage de Châlons.

412. Officii misse : totius ‖ Ꝗ Canonis expositio.‖. (Au verso du 88ᵉ feuillet :) *Anno dñice nativitatis mccccclxxxvij, pridie vero kalendas novembris* (1487), in-fol. goth. de 1 f. pour le titre, 88 ff. à 2 col. chiff. et 6 ff. pour la table, non chiff. v. f. comp. à froid, fil. tr. peigne.

Incunable rare. Dans la souscription, l'auteur se nomme : *Frater Bernardus de Parentinis, ordinis predicatorum Provintie Tholosane,* etc.
Annotations à l'encre.

413. L'Office de l'Église en latin et en français contenant l'office de la Vierge pour toute l'année. *Paris, Le Petit,* 1678, in-12, réglé, front. et fig. gravés par Morin, chag. noir, tr. dor.

414. L'Office de la Semaine sainte, à l'usage de la maison du Roy, imprimé par exprès commandement de S. M. *Paris,* 1750, petit in-8, mar. r. tr. dor. (*Rel. anc.*)

415. L'ordinaire de la messe, suivi des sentimens d'un chrétien touché d'un véritable amour de Dieu, par un solitaire des Sept-Fonts. Pet. in-8, mar. r. doublé de mar. r. dent. int. tr. dor. (*Rel. anc.*)

Manuscrit du xviiiᵉ siècle de 447 pp. sur papier. Les revers des plats portent l'un : *M. Michelin,* l'autre : 1717.

416. Veterum analectorum tomus I (et cæteri), cum adnotationibus... domni Johannis Mabillonii. *Luteciæ Paris., Billaine,* 1675-85, 4 vol. in-8, v. ant.

417. Museum italicum, seu collectio veterum scriptorum ex bibliothecis italicis eruta a D. Johanne Mabillon et D. M. Germain. *Lutetiæ Parisiorum,* 1687, 2 vol. in-4, v. f. ant.

418. Patrologiæ cursus completus, accurante J.-P. Migne. Series
secunda. Tomi 132, 135, 138, 154, 156, 159 et 163. *Lutetiæ Paris., Migne,*
1853-54, 7 vol. — Encyclopédie théologique. Tomes 40, 41 et 47,
3 vol. — Ens. 9 vol. in-8 à 2 col. br. et 1 en demi-rel. bas.

> Regino, Prumiensis abbas, Huchaldus... etc. — Flodoardus... — Sigebertus
> Gemblacensis... — Paschalus II, Gelasius... — Richerus... — Hugo abbas... —
> Dictionnaire des manuscrits, 2 vol. — Dictionnaire de diplomatique chrétienne.
> — Ven. Guibertus abbas.

419. Liber beati Augustini episcopi de spiritu et anima. Pet. in-4, cart.

> MANUSCRIT du XIIIᵉ siècle sur PARCHEMIN, comprenant 16 ff. en écriture gothique,
> majuscules en rouge et rubriques.
> Au verso du dernier f. se trouvent deux modèles d'écriture et un alphabet
> gothiques.

420. Divi Paulini episcopi Nolani, quotquot extant opera omnia. *Coloniæ, apud Maternum Cholinum,* 1560, 12 ff. prél. non chiff. et 705 pp.
— Evangelicæ Historiæ, sive de Deo homine libri quatuor, heroico
versu elegantiss. descripti, Baptista Fiæra, Mantuano Theologo,
Philosopho et Poëta Autore. Ejusdem Hymni divini ac Cœna. *Basileæ,*
s. d. 4 ff. prél. non chiff. et 280 pp. — Ens. 2 ouvrages en 1 vol. in-8,
mar. r. fil. tr. dor. (*Rel. anc.*)

421. Liber S. Athanasii de variis quæstionibus nuper e græco in latinum traductus. Johanne Reuchlin. interprete. Adhuc item annota-
tiones Capnioniæ. (A la fin :) *Hagenoæ, ex officina Thomæ Anshelmi
Badensis, anno Incarnationis* 1519, in-4, marque d'imprimeur, cart.

> Notes marginales manuscrites de l'époque. Légères taches et mouillures ; cachet
> sur le titre.

422. Incipit quintus liber beati Bernardi de consideratione ad Euge-
nium IIIj. In-8, ais de bois recouv. de peau verte.

> MANUSCRIT sur PARCHEMIN du XIIIᵉ ou du XIVᵉ siècle, de 17 ff. de 30 lignes à la
> page, caractère gothique.
> C'est le Vᵉ livre d'un ouvrage de saint Bernard, adressé au pape Eugène III.
> *Incipit :* Libri superiores et de consideracione... *Explicit :* si preter hec repe-
> riantur.

423. Incipit Summa edita a sancto Thoma de Aqno de Articul' fidei
ʒ Ecĉie Sacramẽtis. *S. l. n. d.* in-4, goth. de 15 ff. à 27 lignes par
page, sans chiff. récl. ni sign. chag. vert, dos orné, large dent. sur
les plats, dent. int. tr. dor.

> Édition rare sortie des presses d'Ulric Zell vers 1470.
> Exemplaire aux armes du marquis de MORANTE.

424. Joannis Gersonii Opera. *Parisiis,* 1606, 4 tomes en 2 vol. in-fol.
portr. fig. mar. br. fil. tr. jasp.

> Exemplaire aux armes du marquis de MORANTE.

425. Joannis Gersonii Opera omnia, novo ordine digesta & in V tomos
distributa. Opera et studio M. Lud. Ellies du Pin. *Antwerpiæ,* 1706,

5 vol. in-fol. titre r. et noir, portr. vignettes par B. Picart, vélin, tr.
jaspé.

La meilleure édition des œuvres de Gerson.
Mouillure au tome I. Piqûres d'humidité.

426. **De Vita et Miraculis ‖ Joannis Gerson. ‖ Defensio Wymphelingii p ‖**
divo Joanne Gerson : & clero se ‖ culari : qui in libro (cui titulus ‖
supplemētū celifodine) gravi ‖ ter taxati sunt et reprehensi. *S. l. n. d.*
(1504), in-4 de 8 ff. car. ronds, demi-rel. vél. avec coins.

Mouillures. Piqûres de vers.

27. Apologia pro Joanne Gersonio, pro suprema Ecclesiæ et Concilii
generalis auctoritate ; atque independentia Regiæ Potestatis ab alio
quam a solo Deo : adversus Scholæ Parisiensis, et ejusdem Doctoris
Christianissimi obtrectatores, per E. R. D. T. P. (par Ed. Richer).
Lugduni Batavorum, apud Paulum Moriaen, 1676, in-4, fig. v. brun
ant.

Reliure fatiguée.

428. Excerpta a prima parte divinalis magisterii domini Guillelmi
Parisiensis episcopi que est de universo spirituali. — Tractatus de
reprobatione ydolatrie cum omnibus partibus et ramis, excerptus in
propria forma ex libro domini Guillelmi quondam episcopi Parisiensis de fide dicto et legibus. — Pet. in-4, parch.

MANUSCRIT du XVe siècle, sur papier, de 114 ff. en écriture gothique cursive.
Il a appartenu à un *Jean Budé,* dont il porte la signature, avec la date de 1480,
et plus tard à la bibliothèque du couvent de Saint-Victor de Paris. La foliotation
saute du n° XCIX au n° CI, néanmoins il ne manque aucun feuillet.
L'auteur de ces deux traités est GUILLAUME III, évêque de Paris, de 1228 à
1249, philosophe, théologien et mathématicien, natif d'Auvergne.

429. Nicolai Clamengii Catalaunicnsis, theologi disertissimi libri quinq3
tum pii, tum eruditi. *Venundantur Parrhisiis, de Barra,* 1521, in-4
de 72 ff. chiff. plus 1 f. non chiff. — Opus aureum eximii ‖ doctoris
Magistri Nicolai de Cla ‖ mengiis De Lapsu et Reparatione iustitie. ‖
Adiecta eiusdem non aspernanda disputa ‖ tione : super materia
generalis concilii. *Parisius, apud J. Parvum,* 1512, in-4 de 24 ff. non
chiff. — Ens. 2 ouvrages en 1 vol. marques sur les titres, vél.

430. Les Consolations de l'âme fidèle contre les frayeurs de la mort ;
avec les Dispositions et les préparations nécessaires pour bien
mourir (par Drelincourt). Nouvelle édition. *Charenton, Collier,* 1669,
in-4, bas. ant.

431. Epistola de mi ‖ seria curatorum. Ecurum est semper (scriptura
teste) in faciendis ‖ consulere. Incautu3 vero est ad aliqd vel consen.
(A la fin :) Explicit epistola de Miseria curatorum seu plebano⅞. *S. l.
n. d.* in-8, goth. de 8 ff. à 36 lignes par page, fig. en bois au verso
du titre, dérel.

Pièce rare.

432. La Confession coupée, ou la Méthode facile pour se préparer aux confessions particulières et générales, par le R. P. Christophe Leuterbreuver, religieux de l'ordre de S. François. *A Paris, chez Th. de Hansy*, 1751, in-12, bas.

433. I. Confesionale fratris Antonii de Florentia, ordinis fratrum predicatorum. *(Incipit* : Defecerunt scrutantes... *Explicit :* plenius continetur. In nomine patris et filii et spiritus sancti. Amen). — II. Tractatus de ornatu mulierum compositus per fratrem Antoninum de Florentia ordinis predicatorum. *(Incipit :* Primum queritur utrum ornatus mulierum... *Explicit :* locum superne quietis cum lazaro percipere valeamus, collata hic nobis gratia, etc. Amen). In-8, cart.

> Manuscrit italien, sur vélin, du milieu du xve siècle, de 65 ff. de 36 lignes à la page, minuscule gothique, capitales romaines.
> L'auteur est saint Antonin de Forciglione, archevêque de Florence de 1446 à 1456.

434. Incipit. Conclusiones ‖ de diversis materiis moralibus uti [les valde posite per Mgr̃m iohannē ‖ gerson. doctorem theologie eximiũ ׀ ac cancellarium parisiensem. ‖ (A la fin :) *Expliciunt conclusiones de diversis mate‖riis moralibus utiles valde posite per ‖ Mgr̃m Johem Gerson doctorē theologie ‖ eximiũ ac cãcel. eccie btē Marie Parisiẽ.* ‖ *S. l. n. d.* in-4 de 38 ff. goth. demi-rel. v. br.

> Opuscule rare, imprimé à Cologne par Ulric Zell avant 1470, conforme à la description donnée par *Hain*, n° 7639.
> Piqûres de vers. Raccommodages.

435. Incipit veñbil Mgr̃i Joh̄ Gerson Cã‖cellarij Parisien. de Efficatia orõnis. (A la fin :) *Explicit veñbil Mgr̃i Joh̄. Gerson Cãcel‖larij Parisiẽ. de Efficatia orõnis-cui' thema ‖ fuit. Obsecro vos tanq̃ʒ advenas ʒ e factus in ‖ concilio Constãtiẽ.* — Tractatus de diversis diaboli tẽptacõibʒ mgi ‖ Joh̄s. Gerson cancellarij parisiẽ doctissimi ‖ atq̃ʒ devotissimi viri. (A la fin :) *Explicit Tractatus Mgr̃i Johãnis Gerson ‖ Cancellarij Parisiẽ doctissimi atq̃ʒ devotis ‖ simi viri. de diversis diaboli tẽptacõnibus.* — Incipit Tractatus veñbilis Mgr̃i Jo‖hannis Gerson Cancellarij Parisiẽ p‖ devotis simplicibʒ. Qualit se in suis ex ‖ exercijs discrete et caute hr̃e debent. (A la fin :) *Explicit tractatus p devotis simplicibus q̃liter ‖ se discrete ʒ caute habere debeant i suis ex'citijs ‖ Editus a veñbili Mgro Joh Gerson. Cãcellario. S. l. n. d.* in-4, goth. de 38 ff. non chiff. ni sig. br.

> Pièce rare. Exemplaire conforme à la description donnée par *Hain* n° 7687.
> Mouillure.

436. Incipit Tractatulus venerabilis Mgr̃i ‖ Joh. Gerson Cancellarii parisiensʒ tractans ‖ de pollucõne nocturna. an impediat celebran‖tem vel non. ‖ (A la fin :) *Explicit tractatulus venerabilis Magistri Jo ‖ hannis Gerson de pollutione nocturna An im ‖ pediat celebrantem. An non. S. l. n. d.* 15 ff. goth. — Incipit Tractatulus venerabilis Mgr̃i Joh. ‖ Gerson Cancellarii p̃isiẽ. de Cognicõne castitatis ʒ pollucionibʒ diurnis. ‖

(Au recto du 14ᵉ feuillet :) *Explicit tractatulus venerabilis Magistri* ‖ *Johis. Gerson de pollutionibus diurnis.* (Au verso du même feuillet :) Incipit forma absolucōnis sacramentalis ‖ ciusdem Magistri. Joh. Gerson. ‖ (A la fin :) *Explicit forma absolutionis sacramentalis Ve* ‖ *nerabil. Mgr̃i. Joh. Gerson deo Laus.* ‖ *S. l. n. d.* 16 ff. goth. — Ens. 2 opuscules en 1 vol. petit in-4, mar. grenat, fil. tr. dor.

Pièces très rares, imprimées par Ulric Zell avant 1470 ; elles sont conformes à la description donnée par *Hain*, nᵒˢ 7692 et 7696.
Exemplaire aux armes du marquis ᴅᴇ Mᴏʀᴀɴᴛᴇ.

437. Incipit Tractatulus venerabil. Mgr̃i ‖ Joh. Gerson Cancellarii parisieñ tractans ‖ de pollucöe nocturna. an impediat celebrā ‖ tem vel non. (A la fin :) *Explicit tractatulus venerabil. Mgr̃i Joh.* ‖ *Gerson. de pollucōne nocturna. An impedi* ‖ *at celebrantem. An non.* ‖ *S. l. n. d.* 15 ff. goth. — Incipit tractatus venerabil. Mgr̃i Joh. ‖ Gerson. Cancellarii pisieñ. de cognicöe ‖ castitatis. ᴢ pollucōnibȝ diurnis. ‖ (A la fin :) *Explicit tractatulus venerabilis Mgr̃i* ‖ *Johis Gers on de pollucōibȝ diurnis.* ‖ *S. l. n. d.* 14 ff. goth. — Ens. 2 opuscules en 1 vol. in-8, v. br. tr. dor. (*Petit, succ. de Simier.*)

Pièces très rares, imprimées par Ulric Zell vers 1470.
Exemplaire aux armes et au chiffre du marquis ᴅᴇ Mᴏʀᴀɴᴛᴇ. Raccommodages.

438. Le Blason des Danses, par Guillaume Paradin. *Paris, Techener* (*de l'impr. de Firmin Didot*), 1830, in-16, demi-rel. v. bleu.

Réimpression de l'édition de 1556 de cet opuscule rare.

439. Sermones Ephrem diaconi : secundum tradu ‖ ctionem Venerabilis patris Ambrosii Camaldulensis. ‖ (A la fin :) *M. CCCC. LXXX I. Augusti xxiii.* ‖ *Impressum Florētiæ per Antoniũ Bartholomei Mischomini* ‖ (1481), in-fol. mar. r. dent.

Pʀᴇᴍɪᴇ̀ʀᴇ ᴇ́ᴅɪᴛɪᴏɴ de ces sermons, très bien imprimée en beaux caractères ronds ; quelques initiales en or et en couleur. Le volume comprend : 1 f. blanc en tête, 1 f. de table avec le titre ci-dessus et 88 ff. non chiff. sign. a-l par 8 ff.
Quelques notes à l'encre. Découpure restaurée dans la marge inférieure du feuillet de table.

440. Tractatus de ‖ ymitatione cristi (*sic*) ‖ cum tractatulo ‖ de meditatione ‖ cordis. (A la fin :) *Tractatus aureus et peruti* ‖ *lis de perfecta ymitatione* ‖ *xp̃i et vero mundi contemp* ‖ *tu cum tractatulo de medi* ‖ *tatione cordis finiunt felici* ‖ *ter Anno M. cccc. lxxxvii* (*Ulmæ, Joh. Zainer*, 1487), in-8, goth. de 8 ff. prélim. et de 182 ff. chiffrés, ais de bois recouverts de vélin estampé, fermoir.

Exemplaire conforme à la description donnée par *Hain*, nᵒ 9094.
Notes manuscrites sur les premiers et derniers feuillets.

441. Incipit liber prim' Johañis Ger ‖ son cãcellarij parisiēsis. De Imitati ‖ one xp̃i ᴢ de contēptu omniũ vani ‖ tatũ mundi. (A la fin :) *Explicit liber quartus ᴢ ultimus* ‖ *de sacramēto altaris. Johãnis ger* ‖ *son cãcellarij parisiensis de cõtēptu* ‖ *mūdi deuotũ ᴢ utile opusculũ. Im* ‖ *pressũ Auguste arte ᴢ impensis Er* ‖ *hardi ratdolt viri solertȝ. Anno dñi* ‖ *M.cccc.lxxxviij* (1488). — Sequit tractatus de Meditatio ‖ ne cordis

a M. iohanne de Gerson ‖. (A la fin :) *Explicit liber de meditatiõe cordis* (sic) *S. l. n. d.* in-4 goth. de 49 ff. non chiff. à 2 col. de 40 et 41 lignes, sig. a-f. par 8 ff. br.

Exemplaire conforme à la description donnée par *Hain*, n° 9 094.
Légers raccommodages.

442. Tractat' de ymi‖tatõe xpi. Cum tra‖ctatulo de medita‖tione cordis. (A la fin :) *Tractatus aureus et peruti‖lis de pfecta ymitatõe xpi et ‖ vero mundi contẽptu. Cum ‖ tractatulo de meditatõe de cor‖dis finiũt feliciter Anno do‖mini. M. CCCC.lxxxxij.* (1492), in-8, goth. de 8 ff. prél. et 182 ff. chiffrés, ais de bois recouverts de bas. estampée.

Exemplaire conforme à la description donnée par *Hain*, n° 9 103.
Notes manuscrites sur les premiers et derniers feuillets et dans les marges.
Titre découpé et remonté.
Reliure fatiguée.

443. De Imitatione Christi. (A la fin :) *Completum est opusculum exaratũ q̃. Parisii ‖ per magistrum petrum ledru cõmorantem in vi ‖ co matu-rinorum. Anno dñi millesimo quadringen‖tesimo nõagesimo octavo die vero ultimo mensis ‖ Aprilis* (1498), pet. in-8 goth. de 96 ff. non chiff. sig. a-m par 8 ff. dérel. tr. dor. et ciselée.

Édition non citée par *Hain*, mais conforme à la description du *Manuel du libraire*.
Sur le titre une gravure sur bois représentant la crucifixion de J.-C.
Notes manuscrites sur les premiers et derniers feuillets. Piqûres de vers.
Taches.

444. De Imitatione Christi libri quatuor edidit Nicolas Beauzée. *Pari-siis, Barbou,* 1787, in-32, mar. r. dos orné, fil. tr. dor. (*Lardière.*)

445. De Imitatione Christi libri quatuor. *Parisiis, Edwin Tross,* 1858, in-64, front. chag. br. tr. bleues, étui.

Édition microscopique, imprimée avec les caractères de H. Didot par Giraudet et Jouaust.

446. De Imitatione Christi libri quatuor. *Paris, Tross,* 1868, in-8, chag. La Vall. tr. dor.

Jolie édition; chaque page est dans un encadrement historié, gravé sur bois.

447. L'Imitation de Jésus-Christ, traduite et paraphrasée en vers fran-çois par P. Corneille. *Rouen, Maurry et Paris, Ballard,* 1654-1656. 3 tomes en 1 vol. in-12, front. et fig. par Chauveau, gravés par David, mar. br. fil. à froid. tr. dor. (*Closs.*)

Édition rare, conforme à la description donnée dans le *Manuel du libraire.*

448. L'Imitation de Jésus-Christ, traduite et paraphrasée en vers françois par P. Corneille. Édition nouvelle. *A Paris, chez Le Clerc,* 1739, in-12, fig. mar. olive, dos orné, large dent. tr. dor. (*Rel. anc.*)

449. L'Imitacion de Jesus-Christ, traduction nouvelle et fidelle, de-diée à Monsieur le Chancelier de Brabant. *Brusselle, chez Foppens,* 1689, in-12, front. et vignettes, fig. par Collin, mar. noir, tr. dor. fermoirs.

450. Imitation de Jésus-Christ. Traduite et revue par M. L. Du Fres-
noi, avec l'ordinaire de la sainte messe. *Paris, Gandouin,* 1731,
in-18, titre r. et noir, front. vignettes par Van der Laan en tête de
chaque livre, bas. r. ant. fil.

451. L'Imitation de Jésus-Christ, traduction nouvelle de M. l'abbé
Dassance. *Paris, Curmer,* 1843, gr. in-8, front. en couleur, fig. de
T. Johannot, texte encadré, lettres ornées, chag. bleu, fil. et comp.
à froid et dor. tr. dor.

452. L'Imitation de Jésus-Christ, fidèlement traduite du latin par
Michel de Marillac. Édition nouvelle soigneusement revue et corrigée par U.-S. de Sacy. *Paris, Techener,* 1854, in-16, titre r. et noir,
mar. grenat, dos orné, fil. tr. dor. (*Petit, successeur de Simier.*)

> De la *Bibliothèque spirituelle.*

453. Le Livre de l'Internelle consolation, première version françoise
de l'Imitation de Jésus-Christ. Nouvelle édition avec une introduction et des notes par MM. L. Molland et Ch. d'Héricault. *Paris,
Jannet,* 1856, in-18, demi-rel. v. r. tête peigne, tr. jaspée.

> De la *Bibliothèque elzevirienne.*

454. Imitation de Jésus-Christ. Éditions diverses latines et françaises.
Ens. 5 vol. reliés.

> Parisiis, *Leonard,* 1712, in-32. --- Parisiis, *Barbou,* 1773, in-12, front. et fig. de
> de Marillier. - *Parisiis, (Cazin),* 1782, in-18, fig. — *Charleville, Ruucourt,* 1791,
> in-12. — *Parisiis, Pinart,* 1824, in-32.

455. Messer Giovanni Gerson utile e divota operetta della Imitatione
di Giesu Christo. (A la fin :) *Impresso in Firenze per Philippo di
Giunta, Fiorentino, Anno salutis MDXIIII,* (1514), in-8, goth. de 4 ff.
prélim. et 63 ff. chiffrés, gravure sur bois sur le titre, demi-rel. mar.
br. avec coins, tr. dor. (*David.*)

> Léger raccommodage au bas du titre.

456. I Quattro Libri di Giovanni Gerson, della Imitatione di Christo,
del dispregio del mondo, et delle sue vanità. Ne' quali tutto l'ordine
della vita humana chiaramente si comprende. Con un trattato d'esso
auttore della Meditatione del cuore. Nuovamente rivisti, e da ogni
errore emendati. *In Vinegia, appresso Gabriel Giolito de Ferrari,* 1557,
in-4, initiales historiées, vél.

457. Argumentum chronologicum contra Kempensem, quo Thomam
a Kempis non fuisse, nec esse potuisse authorem librorum de Imitatione Christi, adversus Joannis Frontonis Canon. Regul. (Thomam
a Kempis vindicatum :) demonstratur per Franciscum Valgravium.
Parisiis, Joannes Billaine, 1650, in-12, vélin.

> Cachet de bibliothèque sur le titre.

458. Ouvrages divers de Gerson; notices sur Gerson et ouvrages divers sur l'Imitation de J.-C. et son véritable auteur :

1. Collectanea Gersoniana, ou Recueil d'études, de recherches ayant trait au problème de l'origine de l'Imitation de J.-C., par J. Spencer Smith. *Caen*, 1842, in-8, v. brun, fil. et comp. non rog. (*Perrée frères.*)

2. Essai sur la vie de Jean Gerson, sa doctrine, ses écrits, etc., par M. L'Écuy. *Paris, Chaudé*, 1832, 2 vol. in-8, portr. demi-rel. v. bleu avec coins, fil. tr. marb.

3. Nouvelles Considérations historiques et critiques sur l'auteur et le livre de l'Imitation de J.-C. ou précis et résumé des faits et des motifs qui ont déterminé la restitution de ce livre à Jean Gerson, par J.-B.-M. Gence. *Paris, Treuttel et Wurtz*, 1832, in-8, de 88 pp. — Jean Gerson, restitué et expliqué par lui-même, précédé de nouveaux motifs à l'appui des considérations sur l'auteur de l'Imitation, par J.-B.-M. Gence. *Paris, Fournier*, 1836, in-8 de 40 pp. — Les Interprètes français de l'Imitation de J.-C. Stances par M. Gence. — Nouvelles Stances par M. Gence. *Paris, Thomassin*, 1837. — Dernières Considérations sur le Pèlerin Jean Gerson, par M. Gence. *Paris*, 1838. — Stances faisant suite aux dernières considérations, par M. Gence. *Paris*, 1839. — Ens. 6 ouvrages en 1 vol. in-8, demi-rel. bas.

4. Jean de Gerson. Recherches sur son origine, son village natal et sa famille par Henri Jadart. *Reims, Deligne et Renart*, 1881, in-8, portr. br.
Extrait du t. LXVIII des travaux de l'*Académie de Reims*.
Un des 50 exemplaires sur PAPIER VERGÉ.
Envoi autog. de l'auteur.

5. Clé de l'Imitation de Jésus-Christ. Gerson et ses adversaires, par Jean Darche. *Paris, Thorin*, 1875, in-8, portr. br.

6. Corneille et Gerson dans l'Imitation de J.-C.; par Onésime Leroy. *Paris, Leclerc*, 1842, in-8, front. demi-rel. v.

7. Histoire de l'Imitation de J.-C. et de son véritable auteur, par le chev. de Grégory. *Paris, Crapelet*, 1843, 2 vol. in-8, br.

8. Jean Gerson, par R. Thomassy. *Paris, Debécourt*, 1843, in-18, portr. br.

9. Éloge de Jean Gerson, discours par A.-P. Faugère. *Paris, Vaton*, 1838, in-8, cart.

10. Dissertation sur 60 traductions françaises de l'Imitation de J.-C. et sur 25 éditions de l'Internelle consolation, par A.-A. Barbier. *Paris, Lefèvre*, 1812, in-12, demi-rel. chag. r.

11. Harengue faicte au nom de l'Université de Paris, devant le roy Charles Sixiesme et tout le conseil en 1405, par Maistre Jehan Gerson. *Paris, Debeausseaux*, 1824, in-4, de vi et 52 pp. demi-rel. v. bleu, tr. peigne.

12. Sermon inédit de Jean Gerson sur le retour des Grecs à l'unité, publié pour la première fois par le prince A. Galitzin. *Paris, Duprat*, 1859, in-4 de 55 pp. cart. non rog.
Tiré à petit nombre.

13. Requeste servant de factum au procès entre Me Naudé, prieur de l'Artige, et M. D. Roussel, prieur de Saint-Germain des Prez et autres, touchant certains manuscrits du livre de Imitatione Christi. Seconde édition. *S. l. n. d.* in-4 de 18 ff. br.

14. Dissertation sur le véritable auteur du livre de l'Imitation de J.-C. (par l'abbé Mercier de Saint-Léger). *Paris, Cavelier*, 1758, in-12 de 40 pp. cart.

15. L'Esprit de Gerson, ou Instructions catholiques touchant le Saint-Siège (par Eust. Le Noble). *S. l.* 1691, in-12, v. ant. gran.

16. Nouvelles Considérations historiques et critiques sur l'auteur et le livre de l'Imitation de J.-C., par Gence. *Paris*, 1832, in-8, br.

17. Recherches historiques et critiques sur le véritable auteur du livre de l'Imitation de Jésus-Christ, par J.-B. Malou. *Louvain*, 1848, in-8, br.

459. Méditations des principales obligations du Chrestien tirées de l'Écriture sainte, des Conciles et des Pères, par Me Mathieu Feydeau. *Paris, Jean le Mire*, 1670, in-12, mar. r. fil. tr. dor. (*Rel. anc.*)

Cantiques manuscrits en tête et à la fin du volume.
Chiffre couronné sur les plats de la reliure.

460. Le Collège de Sapience fondé en l'université des vertus, contenant la manière de changer la vie mondaine en spirituelle, etc., par
Pierre Doré. *A Douay, de l'impr. de B. Bellère*, 1598, in-24, demi-rel.
bas.

461. Répétitions du Sainct Sacrifice de la Messe en forme d'Homilies
contre du Plessis-Mornay, par F. Anastase Cochelet... natif de Mai-
sière sur Meuse. Le tout soubmis au sainct et infalible (*sic*) jugem ent
de l'Église catholique, apostolique et romaine. *Anvers, Jean Kar-
berghe*, 1702, in-8, titre gr. vél.

462. Pantheisticon, sive Formula celebrandæ sodalitatis socraticæ, in
tres particulas divisa; quæ pantheistharum, sive sodalium, conti-
nent : I Mores et Axiomata; II Numen & philosophiam; III Liberta-
tem, & non fallentem legem, neque fallendam. *Cosmopoli (Londini)*,
1720, petit in-8, mar. La Vall. tr. dor. (*Rel. anc. fatiguée.*)

> Ouvrage célèbre de Jean Toland.
> Exemplaire en GRAND PAPIER contenant une longue note manuscrite sur un f.
> de garde.

JURISPRUDENCE

463. Joan. Thomæ Freigio Paratilla, seu synopsis pandectarum iuris
civilis. *Basileæ, Henricpetri, s. d.* (1582), in-8, mar. citr. fil. tr. dor.
(*Rel. anc.*)

> Taches. Quelques piqûres de vers.

464. Le Grand Coutumier de France, par Ed. Laboulaye et R. Dareste.
Paris, Aug. Durand, 1868, in-8, br.

465. Dictionnaire des fiefs, seigneuries, chatellenies, etc., de l'ancienne
France, par H. Gourdon de Genouillac. *Paris, E. Dentu*, 1862, in-8,
demi-rel. bas. r.

466. Traité des fiefs et de leur origine, avec les preuves tirées de divers
autheurs anciens et modernes... Par Louis Chantereau Le Fébure.
Paris, Louis Billaine, 1662, in-fol. bas.

467. Nouvel Examen de l'usage général des fiefs en France pendant les
XIe, XIIe, XIIIe et XIVe siècles, pour servir à l'intelligence des plus anciens titres du domaine de la couronne. Par M. Brussel. *Paris*, 1727,
2 vol. in-4, v. ant. gr.

468. Les Vrais Principes des fiefs en forme de dictionnaire, par M. de
Fréminville. *Paris, Valleyre*, 1769, 2 vol. in-4 à 2 col. v. ant. marb.

469. Ordonnance de Louis XIV, roy de France, donnée à Saint-Germain-
en-Laye au mois d'avril 1667 (relative à la procédure). *Paris*, 1667,

264 pp. — Ordonnance de Louis XIV, ensemble les édits et déclarations touchant la réformation de la justice. Du mois d'août 1669. *Paris*, 1669, 144 pp. — Ens. 2 parties en 1 vol. petit in-12, mar. r. dos orné et fleurdelisé, comp. et fil. dor. (*Rel. anc.*)

470. Curiosités des anciennes justices d'après leurs registres, par Ch. Desmaze. *Paris, H. Plon*, 1867, in-8, br. — Les Institutions judiciaires et administratives de l'ancienne France, par L. Ricard. *Paris, L. Larose*, 1886, in-8, br. — Ens. 2 vol.

471. Jac. Rævardi variorum, sive de juris Ambiguitatibus libri quinque. *Brugis Flandrorum, excudebat Hub. Goltzius*, 1564, in-8, mar. r. dos orné, fil. dent. int. tr. dor.

472. Les Droits du seigneur. — Ens. 3 ouvages en 1 vol. in-8, demi-rel. chag. r. avec coins, tête dor. non rog.

> Rapsaet. Les Droits du seigneur. *Rouen, Lemonnyer*, 1879. — De Labessade. Le Droit du seigneur et la Rosière de Salency. *Paris, Rouveyre*, 1878. — Les Nuits d'épreuve des villageoises allemandes. *Bruxelles, Gay et Doucé*, 1877, front. en double épreuve.

473. Factum pour Charles de Luxembourg de Béon, chef du nom... demandeur, en ouverture de substitution du comté de Ligny et du duché de Piney, contre Ch.-F.-Frédéric de Montmorency, défendeur. — Factum pour M. le duc de Luxembourg contre le sieur de Béon. *Paris*, 1715. — Ens. 2 ouvrages en 1 vol. in-fol. bas.

474. Pièces du procès de Henri de Tallerand comte de Chalais. *Londres*, 1781, in-12, portr. v. f. dos orné, fil. tr. dor. (*Padeloup*.)

475. Traité de la comptabilité occulte et des gestions extraréglementaires. Législation, procédure, etc., par Victor de Swarte. *Paris, Berger-Levrault*, 1884, in-8, br.

476. Ephraimi Gerhardi Tractatio juridica de judicio duellico vulgo vom Kampf-und Kolben-Gerichte, occasione art. LXIII. L. I. jur. prov. Saxon. *Francof. et Lipsiæ*, 1735, in-4 de 39 ff. non chiff. et 1 fig. sur bois, bas. viol. fil. tr. dor.

> Livre curieux sur la juridiction des duels en Allemagne. En tête du volume se trouve une singulière gravure sur bois représentant le combat entre la femme et le mari.
> Exemplaire au chiffre et aux armes du marquis de Morante.

477. In nomine Domini et glori‖ose virginis matris eius. spe‖culum judiciale. A magistro ‖ Guillermo Duranti editum ‖ incipit feliciter. (A la fin :) *Consummatum est et perfectum in celebri Argentinorum urbe factoribus Jeorgio Hussner cive inibi et Johanne Bekenhub, anno MCCCC LXXIII* (1473), 4 parties en 1 vol. in-fol. goth. à 2 col. de 43 lignes, lettres en r. et bleu, demi-rel. bas. verte.

> Première édition datée de cet ouvrage. La première partie a 132 ff; la seconde, 188; la troisième, 19 et la quatrième, 148; le tout chiffré en chiffres romains. Bel exemplaire.

478. Lucii Antistii Constantis de Jure ecclesiasticorum liber singularis. *Alethopoli, apud Cajum Valerium Pennatum*, 1665, in-8 de 8 ff. prél. 162 pp. et 3 ff. pour la table, v. f. dos orné, fil. tr. dor. (*Petit, successeur de Simier.*)

    Quelques notes à l'encre.

SCIENCES ET ARTS

479. L'Enchiridion d'Épictète, ou l'Abrégé de sa philosophie. *A Chaalons, chez Jacques Seneuze*, 1687, in-24 de 12 ff. prél. non chiff. et 93 pp. mar. r. fil. à froid, doublé de mar. r. dent. tr. dor. (*Rel. anc.*)

    Exemplaire réglé; le 12e feuillet prél. est transposé et sert de faux titre. Mouillure dans le haut du volume: taches d'humidité.

480. M. T. Ciceronis Cato major, seu de Senectute dialogus. Somnium Scipionis. — Lælius, seu de Amicitia dialogus. -- *Paris, Renouard*, 1796. -- Ens. 2 vol. in-18, portr. br.

    Exemplaires tirés sur GRAND PAPIER DE HOLLANDE ROSE.

481. M. Tullii Ciceronis ad M. Brutum orator. Jacobi Lodoici Strebæi commentariis ab authore ipso recognitis illustratus. *Parisiis, ex officina Mich. Vascosani*, 1540. — M. Tullii Ciceronis ad C. Trebatium iurisconsultum Topica. *Parisiis, Vascosan*, 1543. — Ens. 2 ouvrages (le second de 16 ff.) en 1 vol. in-4, v. br. ant.

    Nombreuses et longues notes manuscrites marginales de Reginald Debeaulne dont le titre porte la signature.
    Reliure fatiguée.

482. Essais de Michel de Montaigne, avec les notes de tous les commentateurs. *Paris, Lefèvre*, 1823, 5 vol. in-8, portr. cart.

483. De l'Éducation des filles, par Fénelon. *Paris, Renouard*, 1807, in-12, mar. r. dos orné, dent. tr. dor. (*Rel. de l'époque.*)

    La meilleure édition de cet ouvrage.
    Exemplaire sur PAPIER VÉLIN, sans le portrait.

484. Histoire d'une jeune fille sauvage, trouvée dans les bois à l'âge de dix ans. Publiée par Madame H.....t (Hecquet). *Paris*, 1755, in-12 de 72 pp. dérel.

485. Elementa philosophica de Cive, auctore Thom. Hobbes. *Amsterodami, apud Ludovicum Elzevirium*, 1647, in-12 de 24 ff. limin. non chiff. et 403 pp. titre grav. mar. r. dos orné, fil. tr. dor. (*Rel. anc.*)

    Volume publié par les soins de Sam. Sorbière. Seconde édition sous cette date. (Willems, *les Elzevier*, n° 1048.)

486. Libro llamado menosprecio de corte y alabança de aldea. Compuesto por don Antonio de Guevara. De nouveau mis en françois par L. T. L. (Louis Truquet, Lyonnois) auquel avons adiousté l'italien, pour l'utilité et soulagement de ceux qui prennent plaisir aux vulgaires qui sont aujourd'huy les plus en estime. Pour plus grand enrichissement de cest œuvre, y ont été adioustés les vers françois des Evesques de Meaux et de Cambray, et les latins de N. de Clemêges. sur la grande disparité de la vie rustique avec celle de cour. *S. l.* (*Genève*), *Jean de Tournes*, 1591, in-16 à 2 col. v. ant. éc.

> Curieuse et rare édition imprimée en trois caractères : ordinaires, italiques et de civilité.

487. Essai sur l'appréciation de la fortune privée au moyen âge, par par M. C. Leber. Seconde édition. *Paris, Guillaumin,* 1847, in-8, demi-rel. chag. vert.

488. Leçons de physique expérimentale sur l'équilibre des liqueurs, et sur la nature et les propriétés de l'air. Traduites de M. Côtes. *Paris, David,* 1742, in-8, pl. mar. r. fil. doublé et gardes de tabis bleu, tr. dor. (*Rel. anc. fatiguée.*)

489. Plinii Secundi naturalis historiæ, cum interpretatione et notis integris Joh. Harduini 'et variorum, ex recensione J. G. Fr. Franzii. *Lipsiæ,* 1778-1791, 10 vol. in-8, v. f. fil. tr. marb. (*Vogel.*)

490. L'Origine des espèces, par Ch. Darwin, traduite par Ed. Barbier. *Paris, C. Reinwald,* 1876, in-8, cart.

491. Première et seconde partie des erreurs populaires, et propos vulgaires, touchant la médecine et le régime de santé, refutez et expliquez, par M. Laurent Joubert. *Lyon, Pierre Rigaud,* 1608, 2 vol. in-16, bas. ant.

> Mouillures.

492. Marsilius Ficinus de triplici vita cũ || textu Salerni ad unguem castigato. *Venundantur Parrhysii ab Joanne parvo sub lilio aureo* (marque de Jehan Petit). (A la fin:) *XVI Septêbris mcccc lxxxix in agro Caregio,* (1489), in-8, goth. de 104 ff. non chiff. vél.

493. Hygiène et physiologie du mariage, par A. Debay. *Paris, E. Dentu,* 1883, in-12, br. —De la santé des gens mariés, par le Dr L. Scraine. *Paris, F. Savy,* 1874, in-12, cart. — Ens. 2 vol.

494. Simonis Paulli commentarius de abusu tabaci americanorum veteri, et herbæ thee Asiaticorum in Europa novo. *Argentorati, Paullus,* 1665, in-4, pl. vél.

> Volume rare.

495. Compotus cum || commento. || (En tête du feuillet a II :) Liber qui compotus inscribitur : una cum figuris et || manibus necessariis tam in suis locisꝗ in fine libri || positis : Incipit feliciter. || (A la fin, au bas du verso de l'avant-dernier feuillet :) *Liber compoti cũ cõmento*

finit feliciter. Impressus Lugdu | ni per magistrum Mathiam Hus. Anno dñi millesimo nona | gesimo primo. die vero decimo septimo mensis Augusti || (1491), in-4, goth. titre avec encadr. fig. sur bois, v. marb. dos orné, fil. tr. dor. (*Rivière.*)

> Édition très rare, inconnue à *Brunet*, non citée par *Hain*; elle comprend 40 ff. non chiff. sign. a-e par 8 ff. à 33 lignes par page. Au verso du dernier feuillet se trouve la marque de Mathieu Husz, imprimeur lyonnais (Silvestre, *Marques typog.* n° 115.)

496. Sexti Julii Frontini quæ extant, Rob. Keuchenius, s. F. ictus, post modium, Stewechium, Scriverium notis et emendationibus illustravit. *Amstelodami, Waesberge,* 1661, in-8, front. chag. La Vall. dos orné, fil. tr. dor.

> Exemplaire aux armes du marquis de MORANTE.

497. Institutions militaires de la France avant les armées permanentes, suivies d'un aperçu des principaux changements survenus jusqu'à nos jours dans la formation de l'armée, par Edg. Boutaric. *Paris, H. Plon,* 1863, in-8, cart. demi-perc.

498. Traité sur la poudre, les corps explosifs et la pyrotechnie, par les Drs J. Upmann et E. Von Meyer, traduit de l'allemand par E. Desortiaux. *Paris, Dunod,* 1878, fort vol. in-8, fig. br.

499. Histoire d'une forteresse, texte et dessins par Viollet-le-Duc. *Paris, J. Hetzel, s. d.* in-8, fig. en couleur, cart. fers spéciaux, tr. dor.

500. Les Navigations françaises et la révolution maritime du xive au xvie siècle, par Pierre Margry. *Paris, Tross,* 1867, in-8, br.

501. Discours exécrable des sorciers. Ensemble leur procez, faits depuis deux ans en ça en divers endroicts de la France. Par Henry Boguet. *Rouen, Romain de Beauvais,* 1606, in-12, demi-rel. vél.

502. Les Cartes à jouer et la cartomancie, par P. Boiteau d'Ambly. *Paris, L. Hachette,* 1854, in-12, fig. br.

503. Dictionnaire iconographique des monuments de l'antiquité chrétienne et du moyen âge. Par L.-J. Guenebault. *Paris, Leleux,* 1843-1845, 2 tomes en 1 vol. in-8 à 2 col. v. viol.

504. Archives de l'art français. Recueil de documents inédits relatifs à l'histoire des arts en France, publié sous la direction de Ph. de Chennevières et A. de Montaiglon. *Paris, J.-B. Dumoulin,* 1851 à 1860, 12 vol. in-8, demi-rel. bas.

505. Nouvelles Archives de l'art français. Recueil de documents inédits publiés par la Société de l'art français. *Paris, J. Baur et Charavay,* 1872-1885, 12 vol. in-8, br.

> Les années 1880-1881 sont incomplètes et en fascicules. On a ajouté quelques fascicules du bulletin de la Société et le tome onzième des *Procès-verbaux de l'Académie royale de peinture et de sculpture.*

506. Recherches sur la vie et les ouvrages de quelques peintres provinciaux de l'ancienne France, par Ph. de Pointel. *Paris, Dumoulin,* 1847-1862, 4 vol. in-8, front. à chaque vol. 3 cart. non rog. et 1 br.

507. Actes d'état-civil d'artistes français extraits des registres de l'Hôtel de Ville de Paris, détruits dans l'incendie du 24 mai 1871, publiés par H. Herluison. *Orléans, H. Herluison,* 1873, in-8, br.

508. Histoire des artistes vivants, français et étrangers. Études d'après nature, par Th. Silvestre. *Paris, Blanchard,* 1857, in-8, portr. demi-rel. chag. bleu, plats toile, tr. dor.

509. Histoire de la caricature et du grotesque dans la littérature et dans l'art, par Thomas Wright, traduction d'Octave Sachot. *Paris, Ad. Delahays,* 1875, gr. in-8, fig. br.

510. Les Quatre livres d'Albert Durer, peintre et géometrien, tres excellent, De la proportion des parties & pourtraicts des corps humains. Traduicts par Louis Meygret. *Arnheim, Jean Jeansz,* 1613, in-fol. fig. demi-rel. bas.
> La reliure est cassée.

511. Antiquissimi Virgiliani codicis fragmenta et picturæ, ex bibliotheca vaticana ad priscas imaginum formas a Petro Sancte Bartholi incisæ. *Romæ,* 1744, in-fol. titre et 55 pl. gr. demi-rel. vél. avec coins.

512. Em. David. Ouvrages sur les Beaux-Arts. Nouvelle édition publiée par Paul Lacroix. *Paris, Renouard,* 1862-1863, 6 vol. in-12, demi-rel. chag. La Vall. (*Rel. unif.*)
> Chefs-d'œuvre de la peinture moderne. — Vies des artistes anciens et modernes. — Histoire de la peinture au moyen âge. — Recherches sur l'art statuaire. — Histoire de la sculpture antique. — Histoire de la sculpture française.

513. Le Second Livre de divers ornements de feuillages en forme de panneaux à l'usage de ceux qui exercent le dessein, inventez et gravez par A. Ducerceau. *Paris, Bailly,* s. d. titre gr. et 5 pl. in-4, obl. gravées par Poilly, dérel.
> Planches habilement composées d'un sujet gravé au trait et entouré d'un très élégant feuillage. Les sujets sont tirés des Travaux d'Hercule.

514. Traité historique et pratique de la gravure en bois, par J.-M. Papillon. *Paris, P.-G. Simon,* 1766, 2 vol. in-8, fig. demi-rel. bas.

515. Histoire de la Mode en France, par Aug. Challamel. *Paris, A. Hennuyer,* 1881, gr. in-8, planches coloriées, cart. perc. r. fers spéciaux sur les plats, tr. dor.

516. Le Imagini degli Dei degli Antichi, del signor Vincenzo Cartari Regiano nuovamente ristampate et ricorrette. Nelle quali sono descritte la religione degli antichi, li idoli, riti et ceremonie..... *In Padoa, appresso Pietro Paulo Tossi,* 1608, in-4, titre gr. fig. vél.
> Ouvrage orné de curieuses figures en taille-douce ; celle de la page 249 est remontée.

517. Les Dix Livres d'Architecture de Vitruve, avec les notes de Perrault. Nouvelle édition revue, corrigée et augmentée... par E. Tardieu et A. Coussin fils. *Paris, Morel*, 1859. 3 tomes (2 de texte et 1 de planches) en 2 vol. in-4, demi-rel. chag. r.

518. De la Poterie gauloise. Étude sur la collection Charvet, par H. du Cleuziou. *Paris, Baudry*, 1872, in-8, fig. br.

519. L'Art dans la Parure et dans le vêtement, par M. Ch. Blanc. *Paris, Renouard*, 1875, in-8, fig. noires et en couleurs, demi-rel. chag. r. dos orné, tête dor. ébarbé.

520. Les Tapisseries bruxelloises. Essai historique sur les tapisseries et les tapissiers de haute et basse lice de Bruxelles, par Alph. Wauters. *Bruxelles*, 1878, in-8, fig. br.

BELLES-LETTRES

I. LINGUISTIQUE. — RHÉTORIQUE

521. J. A. Comenii Janua aurea reserata duarum linguarum, sive compendiosa methodus latinam et gallicam linguam perdiscendi, sub titulis centum, periodis mille comprehensa, & vocabulis bis mille ad minimum aucta : a Nathanaele Dhuez in idioma gallicum traducta. Editio postrema. *Juxta exemplar Lugd. Batav. Parisiis, Thiboust*, 1659, in-16 à 2 col. demi-rel. mar. r. plats de v. f. fil. tr. dor. (*Rel. anc.*)

522. Catholicum‖parvum. (A la fin :) *Impressum Lugduni p Martinum Havard. Anno domini M XCIX (sic pro 1499)*, pet. in-4, goth. à 2 col. demi-rel. vél. avec coins.

> Dictionnaire latin-français. Cet ouvrage a été réimprimé sans date au commencement du siècle suivant.
>
> On a relié dans le même volume deux traités manuscrits de la même époque dont voici les titres : Floridū compendiū synonimorū venerablis psbiteri dñni de Seraphinis viri doctissimi, 49 ff. (le 4e déchiré au milieu). — Differentia ♃ liber incipit. 10 ff.

523. Chassant : Dictionnaire des abréviations latines et françaises. *Évreux*, 1846. — Le même. *Paris, Aubry*, 1862. — Petit vocabulaire latin-français du xiii siècle. *Paris, Aubry*, 1857. — Dictionnaire de Sigillographie pratique. *Paris, J.-B. Dumoulin*, 1868. — Paléographie des Chartes. Cinquième édition. *Paris, Aubry*, 1862. — Ens. 5 vol. in-12, cart. et br.

524. Glossaire de la langue romane, par J.-B.-B. Roquefort. *Paris,
Warée*, 1808, 2 vol. — Supplément au glossaire. *Paris, Chassériau,*
1820. — Ens. 3 vol. in-8 à 2 col. front. v. ant. rac.

525. Lexique roman, ou Dictionnaire de la langue des troubadours,
par M. Raynouard. *Paris, Silvestre*, 1836-1844, 6 vol. in-8, br.

> On a ajouté du même auteur : Grammaire comparée des langues de l'Europe
> latine dans leurs rapports avec la langue des troubadours. *Paris, Firmin Didot,*
> 1821, in-8, papier vélin, br.

526. Histoire de la formation de la langue française, par J.-J. Ampère.
1 vol. —Histoire de la langue française, par E. Littré. 2 vol. —*Paris,
Didier*, 1863-1869. — Ens. 3 vol. in-8, br.

527. Étymologie des Mots françois qui tirent leur origine de la langue
grecque, en forme de dictionnaire, dressé pour l'utilité publique,
par Jules César de Bernières, escuyer, sieur de La Motte-Renvucz,
gentilhomme champenois. *A Paris, chez Claude Le Beau*, 1644, in-12
de 4 ff. prél. et de 74 pp. v. f. dos orné, fil. tr. dor. (*Bedford.*)

> Petit livre rare et curieux.

528. Dictionnaire du vieux langage françois, enrichi de passages tirés
des manuscrits en vers et en prose, des actes publics, des ordonnances de nos roys...., par M. Lacombe. *Paris, Panckoucke*, 1766-67,
2 vol. in-8, v. ant. marb.

529. Patois et Idiomes. Mélanges. Réunion de 12 vol. et br. in-8 et
in-12.

> Martin Lobet. Dictionnaire wallon-français. *Verviers, Nautet-Hans*, 1854, in-8 à
> 2 col. — Cambresier. Dictionnaire wallon, *Liège*, 1787. — Monin. Monuments
> des anciens idiomes gaulois. 1861. — Mignard. Vocabulaire du patois de Bour-
> gogne. 1876. —Mary-Lafon. Tableau de la langue romano-provençale, — Les
> Chansons de Carrateyron. *Nice*, 1873. — Brunetière. La langue et la littérature
> française au moyen âge. 1880. Les Amours de Colas, comédie en vers poite-
> vins, *réimprimée à 55 exemplaires*. 1843. — Glossaire occitanien. Toulouse, 1819.
> — Les Œuvres poétiques en patois percheron de Pierre Genty. 1863 ; etc., etc.

530. Dictionnaire historique, étymologique et anecdotique de l'argot
parisien, par Loredan Larchey ; illustrations de J. Férat et Rycke-
busch. *Paris, F. Polo*, 1872, gr. in-8 à 2 col. fig. cart.

531. Glossaire du Poitou, de l'Aunis et de la Saintonge, par L. Favre.
Niort, Robin, 1868, in-8, br.

> Exemplaire en GRAND PAPIER.

532. Études de philologie comparée sur l'argot et sur les idiomes ana-
logues parlés en Europe et en Asie, par Francisque Michel. *Paris,
Didot*, 1856, in-8 à 2 col. br.

> Quelques taches d'humidité.

533. Ἑρμηνεύματα και Καθημερινὴ ὁμιλία de Julius Pollux, publiés pour
la première fois d'après les manuscrits de Montpellier et de Paris,
par A. Boucherie. *Paris, Impr. Nat.* 1872, in-4, br.

534. ❡ Orationes, Prelectiones et Prefationes et quædam | mithice Historiæ Philippi Beroaldi. ‖ Item Pluscule Angeli Politiani. Hermolai Barbari. ‖ Atq3 una Jasonis Maini oratio. Quibus addi possunt ‖ seorsum tamē impressa : varia eiusdē Philippi Beroaldi ‖ opuscula nunc demum coimpressa. *Paris, Jehan Petit*, 1505, gr. in-8, goth. de 72 ff. chiff. demi-rel. bas.

535. Antonii Tempestivi, Galli Suessionensis, oratio funebris, Romæ habita in funere Christianissimi Gallorum regis Francisci, huius nominis primi. *S. l. n. d.* in-12, bas.

    MANUSCRIT d'une belle écriture italique du XVIIᵉ siècle, composée d'e 12 ff. sur papier teinté bleu. Grande lettre ornée sur le premier feuillet.

536. Oraison funèbre de très haut et très puissant seigneur messire Charles de Sainte-Maure, duc de Montausier, pair de France, prononcée à Paris dans l'église de S.-Germain-l'Auxerrois le 19 aoust 1690, par messire M.-A. Anselme. *Paris, Josse*, 1690, in-4, armoiries sur le titre et vign. dérelié.

    Piqûres de vers.

II. POËTES GRECS ET LATINS

537. Virtutum Encomia : sive gnomæ de Virtutibus : ex poetis et philosophis utriusque linguæ. Græcis versibus adiecta interpretatione Henrici Stephani. *Excudebat Henr. Stephanus*, 1573, in-16, mar. r. tr. dor. (*Bozérian.*)

    Exemplaire de YEMENIZ.

538. Les Œuvres de Pindare, translatées du grec par F. Marin, Champenois. *Paris, Sam. Thiboust*, 1617, in-8, titre gravé par Briot, vél.

539. Anacreontis Teii odaria, præfixo commentario quo poetæ genus traditur et bibliotheca anacreonteia adumbratur. Additis var. lectionibus. *Parmæ*, 1785, gr. in-4, br.

    Belle édition, imprimée tout entière en capitales grecques.

540. Idylles de Théocrite, traduites par J.-B. Gail. Édition ornée de figures par Barbier, Moreau et Chaudet. *Paris, Didot jeune, an IV* (1796), 2 vol. in-18, fig. demi-rel. bas. r.

541. Teocrito, Mosco, Bione Simmia greco-latini con la Bucolica de Virgilio latino-greca volgarizzati, e forniti d'annotazioni da Tritisco Philenejo. *Parma, dalla Stamperia Reale*, 1780, 2 vol. in-4, cart. non rog.

542. Lycophronis Chalcidensis Alexandra, poema obscurum. Joannes Meursius recensuit et libro commentario illustravit. Altera editio aucta et innovata. Accessit Josephi Scaligeri versio centum locis emendatior. *Lugduni Batavorum, ex officina Ludovici Elzevirii*, 1599, in-8, bas. r. tr. dor.

    Piqûre de vers bouchée.

543. Scriptores latini principes, recensuit et edidit Joh. Aug. Amar. *Parisiis, Lefèvre (excudebat P. Didot),* 1821-1822, 8 vol. in-18, papier vélin, portr. mar. vert, dos orné, fil. tr. dor. *(Rel. de l'époque.)*

> Lucretius. — Virgilius, 2 vol. — Horatius. — Catullus et Tibullus, Propertius et Gallus, 2 vol. — Lucanus, 2 vol.
> Bel exemplaire en reliure uniforme.

544. Priapeia, sive diversorum poetarum in Priapum lusus, illustrati commentariis Gasperis Schoppii..... *Patavii, Gerhard Nicolas,* 1664, in-8, br.

> Édition rare et estimée.
> Légères mouillures.

545. Priapeia, sive diversorum poetarum in Priapum lusus aliaque incertorum auctorum poemata emendata et explicata. Accesserunt Epistolæ de Priapismo sive propudiosa Cleopatræ libidine, Josephi Scaligeri versiones græcæ duorum Priapeiorum et index in omnia carmina. *S. l.* 1781, in-8, bas. marb. fil.

> Exemplaire aux armes du marquis de MORANTE.

546. Titi Lucretii Cari de Rerum Natura libri sex. *Birminghamiæ, typis Baskerville,* 1773, gr. in-12, mar. vert, dos orné, fil. tr. dor. *(Rel. anc.)*

> Jolie édition.

547. P. Virgilii Maronis Opera, nunc emendatiora. *Lugd. Batavor. ex officina Elzeviriana,* 1636, in-12, titre gravé, mar. r. dos orné, fil. tr. dor. *(Rel. anc.)*

> Édition avec l'*errata* de la page 411.
> Griffonnage à l'encre au bas du titre. Mouillures.

548. P. Virgilii Maronis codex antiquissimus a Rufio Turcio Aproniano distinctus et emendatus. *Florentiæ, typis Mamianis,* 1741, in-4, front. portr. demi-rel. v. br. avec coins.

> Impression en anciennes capitales donnant le fac-similé du *Codex mediceus* de la bibliothèque de Florence.

549. Quincti Horatii Flacci Opera omnia, cum notis argumentis. *Sedani, ex typographia et typis novissimis Joannis Jannoni* 1627, in-32 de 220 pp. et 2 ff. non chiff. mar. noir, fil. à froid, tr. dor. *(Rel. anc.)*

> Édition imprimée en caractères microscopiques appelés *petite sedanoise.*

550. Quinti Horatii Flacci Poëmata, scholiis sive annotationibus instar commentarii illustrata à Joanne Bond. *Amstelodami, apud Danielem Elzevirium,* 1676, in-12, front. gr. mar. r. fil. tr. dor. *(Rel. anc.)*

> Exemplaire court de marges.

551. Quintus Horatius Flaccus. *Parisiis, excudebam Petrus Didot,* 1800, in-18, mar. vert, fil. tr. dor. *(Rel. anc.)*

> Édition stéréotype.
> Exemplaire en PAPIER VÉLIN.

552. Q. Horatii Flacci Opera illustravit Christ. Guil. Mitscherlich. *Lipsiæ, Lebrecht*, 1800, 2 vol. in-8, fig. demi-rel. mar. r. tr. marb.

> Exemplaire en GRAND PAPIER.

553. Satires de Juvénal, traduites par J. Dusaulx. *Paris, de l'impr. de Didot jeune*, 1804, 2 vol. in-4, portrait, br.

554. Chorus Poetarum classicorum duplex, sacrorum et profanorum (cura et studio Alex. Fichet). *Lugduni, Muguet*, 1616, fort vol. in-4, mar. r. dos orné de comp. avec l's barrée, riches dent. et comp. sur les plats, tr. dor. (*Rel. anc.*)

> Exemplaire aux armes d'un duc de GUISE, avec cette inscription au-dessus des armoiries : *Dux Guisius hoc te munere donat.*

555. Joachimi Bellaii Andini poematum libri quatuor. *Parisiis, apud Federicum Morellum*, 1558, in-4, car. ital. demi-rel. bas.

> Ce recueil n'a pas été réimprimé dans les Œuvres complètes du poète.
> Cachet gratté sur le titre. Taches d'humidité.

556. Remigii Bellaquei poetæ Tumulus. *Lutetiæ, apud Mamertum Patissonium, in officina Roberti Stephani*, 1577, in-4 de 8 ff. non chiff. bas. verte, fil. tr. dor.

> Épitaphes en grec, en latin et en français, composées en l'honneur de Remi Belleau par J. Auratus (Jean Dorat), Passerat, Ronsard, J.-A. Baïf, Ph. Des Portes, Amadis Jamyn, Troussilh, G. Du Tronchay, Rob. Estienne, etc.
> Exemplaire aux armes et au chiffre du marquis de MORANTE.
> Marque de Robert Estienne sur le titre. (Silvestre, *Marques typog.*, n° 163.)

557. Jean Second. Les Baisers, traduction nouvelle par Victor Develay. *Paris, Académie des Bibliophiles*, 1866, in-32 carré, papier vergé, chag. bleu, fil. tête dor. ébarbé.

> De la *Bibliothèque récréative*.

558. Lilii Grægorii Ziraldi Ferrariensis syntagma de Musis. (A la fin :) *Finis libelli de Musis... quæ Math. Schürerius... impressit..., Argentorati*, 1512, in-4, fig. en bois dont une sur le titre, cart.

> Petite plaquette de 14 ff. ornée de curieuses figures sur bois représentant chacune une muse.

559. Septem illustrium virorum poemata. Editio altera, priori auctior et emendatior. *Amstelodami, apud Danielem Elsevirium*, 1672, in-8, titre rouge et noir, v. br. ant.

> Les poésies contenues dans ce volume sont celles de : Alex. Pollinus Florentinus, Augustinus Favoritus, Ferdinandus Lib. Bar. de Furstenberg, Joannes Rotgerus Torckius, Natalis Rondininus, Stephanus Gradius et Virginius Cæsarinus.
> Exemplaire aux armes du comte d'HOYM.

560. Speculum vitæ aulicæ de admirabili fallacia et astutia vulpeculæ reinikes libri quatuor, nunc primum ex idiomate germanico latinitate donati, adjectis elegantissimis iconibus. Auctore Hartmanno

Schoppero. *Francof. ad Mæn.* 1595, pet. in-12, fig. en bois, demi-
rel. vél. avec coins.

Exemplaire mouillé.
Raccommodage au dernier feuillet préliminaire.

561. Triumphus Veneris Hen‖rici Bebelii poete laurati, cum com‖men-
tario Joannis Altenstaig Mindelheimensis. *Argentine*, 1515, in-4,
demi-rel. peau de truie, ornements à fr. plats de bois et fermoir en
cuivre.

Édition rare que Panzer donne comme étant la première.

562. Antonii Hallæi opuscula miscellanea. *Cadomi, Cavelier*, 1675,
in-8, v. f. dos orné, fil. tr. dor. (*Petit, successeur de Simier.*)

563. Deliciæ Poeticæ fasciculi VIII. *Lugduni Batavorum*, 1783-1796,
fort vol. in-8, mar. citron, dos orné, fil. (*Rel. anc.*)

Ce recueil, édité par Laurent van Santen, renferme des poés ies latines modernes
en partie inedites, la plupart d'auteurs hollandais.

564. La Philomèle, poème latin attribué à Albus Ovidius Juventinus,
publiée avec de nouvelles leçons et des notes critiques par Charles
Nodier. *Paris, Delangle*, 1829, in-8 de 79 pp. bas. verte, fil.

Exemplaire aux armes du marquis de MORANTE.

565. Opus Merlini Cocaii poete Mantuani Macaronicorum, totū in
pristinam formam per me Magistrum Acquarium Lodolam optime
redactū, in his infra notatis titulis divisum. Zanitonella, que de
amore Tonelli erga Zaninam tractat... Phantasiæ macaronicon...
Moscheæ Facetus liber... Libellus Epistolarum et Epigrammatum
ad varias personas directarum. (A la fin :) *Tusculani, apud Lacum
Benacensem, Alexander Paganinus, M.D.XXI Die V. Ianuarii* (1521),
in-16 de 272 ff. chiffrés, fig. sur bois, bas. r. fil.

Édition rare et recherchée imprimée avec des caractères assez singuliers.
Exemplaire sans les 8 ff. non chiff. mais avec les notes marginales intactes.

566. Histoire macaronique de Merlin Coccaie, prototype de Rablais, etc.
Paris, Toussaincts du Bray, 1606, 2 vol. in-12, v. f. ant. fil. tr. r.

III. POÈTES FRANÇAIS

567. Chrestomathie de l'ancien français (viii°-xv° siècles) accompagnée
d'une grammaire et d'un glossaire, par Karl Bartsch. Deuxième
édition. — Romances et pastourelles françaises des xii° et xiii° siècles
publiées par le même. *Leipzig, Vogel*, 1870-1872. — Ens. 2 vol. in-4
à 2 col. et in-8, demi-rel. chag. vert foncé.

568. Fabliaux et contes des poètes françois des xii°, xiii°, xiv° et xv° siècles, tirés des meilleurs auteurs (par Et. de Barbazan). *Paris, Vincent*, 1756, 3 vol. in-12, br.

569. Les Anciens Poètes de la France, publiés sous la direction de
M. F. Guessard. *Paris, F. Vieweg et A. Franck*, 1860-1870, 10 vol.
in-16, cart. perc. br. non rog.

> Gaufrey; Gaydon; Doon de Maience; Aye d'Avignon et Gui de Nanteuil; Gui
> de Bourgogne et Otinel Floovant; Fierabras et Parise la Duchesse; Macaire;
> Hugues Capet; Aliscans; Huon de Bordeaux.

570. Le Romancero françois. Histoire de quelques anciens trouvères
et choix de leurs chansons. Le tout nouvellement recueilli par
M. Paulin Paris. *Paris, Techener*, 1833, in-12, cart. non rog.

> Exemplaire en GRAND PAPIER.

571. La Chanson de Roland. Texte critique, traduction et commentaire par Léon Gautier. Cinquième édition. *Tours, Mame*, 1875, in-8,
eaux-fortes, demi-rel. chag. r. ébarbé.

572. L'Ordène de chevalerie (poème de Hues de Tabarie), avec une
dissertation sur l'origine de la langue françoise... (par Barbazan).
A Lausanne et Paris, 1759, in-8, demi-rel. mar. vert, dos orné, fil. tr.
peigne.

573. Des XXIII Manières de Vilain (xiiie siècle) (publiées par Francisque
Michel). *Paris, Silvestre*, 1833, br. in-8 de 15 pp.

> Un des deux exemplaires tirés sur PAPIER DE COULEUR.

574. Le Roman de la Rose, par Guillaume de Lorris et Jehan de Meung.
Nouvelle édition, revue et corrigée par M. Méon. *Paris, P. Didot
l'aîné*, 1814, 4 vol. in-8, fig. demi-rel. mar. viol. avec coins, dos orné,
fil. tête dor.

> Belle édition imprimée sur papier vélin.

575. Le Roman de la Rose, par Guillaume de Lorris et Jean de Meung.
Nouvelle édition, revue et corrigée par Francisque Michel. *Paris,
Firmin Didot*, 1864, 2 vol. in-12, demi-rel. chag. viol. fil. tête dor.

576. Les Aventures de Maitre Renart et d'Ysengrin son compère, mises
en nouveau langage, racontées dans un nouvel ordre et suivies de
nouvelles recherches sur le roman de Renart. Par A. Paulin Paris.
Paris, Techener, 1861, in-12, demi-rel. mar. r. tête dor. non rog.

577. Le Débat de deux demoyselles, l'une nommée la Noyre et l'autre
la Tannée, suivi de la vie de saint Harenc et d'autres poésies du
xve siècle, avec des notes et un glossaire (par Félix de Bock). *Paris,
Firmin Didot*, 1825, in-8, demi-rel. chag. r. dos orné, tête dor. non
rog.

578. La Fontaine des Amoureux de Science, compilée par maistre Jean
de La Fontaine de Valenciennes. *Lyon, Jean de Tournes*, 1571, in-12,
cart. demi-perc.

> Copie manuscrite moderne composée de 22 ff. Chaque page est entourée d'un
> filet rouge.

579. Poésies françaises de J.-G. Alione (d'Asti), composées de 1494 à 1520, publiées pour la première fois en France avec une notice biographique et bibliographique par J.-C. Brunet. *Paris, Silvestre*, 1836, in-8, demi-rel. v. viol.

Exemplaire sur PAPIER DE HOLLANDE.

580. La Fleur de poésie françoise. Recueil joyeulx contenant plusieurs huictains, dixains, quatrains, chansons et autres dictz de diverses matières... reduictz en ce petit livre. *Paris, Lotrian*, 1543, in-12, demi-rel. mar. r. avec coins, tête dor. ébarbé. *(Gruel.)*

Réimpression faite à Bruxelles en 1864 par A. Mertens et tirée à très petit nombre.

581. La Contenance de la Table. *S. l. n. d.* in-8, goth. de 6 ff. demi-rel. chag. La Vall. non rog.

Réimpression moderne en fac-similé faite à *Londres*, en 1815.

582. Les OEuvres de Jean Marot. — Les Poésies de Guillaume Coquillart. — *Paris, Coustelier*, 1723. Ens. 2 vol. pet. in-8, rel.

583. Les OEuvres de Clément Marot, de Cahors, vallet de chambre du Roy. Plus amples, et en meilleur ordre que paravant. *Paris, Pierre Gaultier*, 1551, 1 tome en 2 vol. in-16, v. f. ant.

Édition rare en caractères italiques, comprenant 372 ff., 12 ff. de table et 88 ff. pour les *Pseaumes*, précédés d'un titre.
Légères taches et quelques mouillures.

584. Les OEuvres de Clément Marot. *Paris, Jean Ruelle, libraire, en la rue Saint-Jaques à l'enseigne S. Nicolas, s. d.* in-16 de 13 ff. prél. et 597 pp. car. ital. titre avec encadrements, v. ant. marb.

Mouillures aux premiers ff.

585. Les OEuvres de Clément Marot, revcues et corrigées de nouveau. A *Rouen, par Claude Le Vilain*, 1615, in-12, v. ant. gran.

Portrait ajouté gravé par Hopwood.

586. OEuvres complètes de Clément Marot, 4 vol. et de Villon, 1 vol. avec préface, notes et glossaires par M. P. Jannet. *Paris, E. Picard*, 1868, 5 vol. in-16, cart., perc. bleue, non rog.

De la *Nouvelle Collection Jannet*.

587. Les Marguerites de la Marguerite des princesses, très illustre royne de Navarre. *Paris, Jean Ruelle*, 1554, in-16, car. ital. demi-rel. bas. ant.

Édition rare et assez recherchée. Légères mouillures aux derniers feuillots.
Hauteur : 111 mill.

588. Evvres de Lovize Labé, lionnoise, surnommée la Belle Cordelière. *A Bresl, de l'impr. de Michel*, 1815, in-8. demi-rel. v. r. avec coins, non rog.

Tiré à petit nombre.

589. Evvres de Lovïse Labé, lionnoize. *A Lion, par Durand et Perrin,* 1824, in-8, papier vélin, v. gris, comp. à froid, fil. dor. tr. dor.

Édition annotée et pourvue d'un glossaire, publiée sous la direction de M. Bréghot du Lut, aux frais d'une société de gens de lettres et de bibliophiles de Lyon. Tirée à petit nombre.

590. Œuvres poétiques de Melin de Saint-Gelais. *Lyon, Ant. de Harsy,* 1574, in-12, bas. anl.

Édition en lettres rondes composée de 9 ff. prél. et 246 pp. Rare. Elle est de la même date et du même éditeur que l'édition originale complète. Hauteur : 142 mill.

591. Les Œuvres de Pierre de Ronsard, gentilhomme vendosmois, prince des poètes français. Revues et augmentées. *Paris, Barth. Macé,* 1617, pet. in-12, mar. r. fil. tr. dor. (*Rel. anc.*)

Reliure fatiguée ; au centre, dans un encadrement, les initiales M. D.

592. Le Trésor des pièces rares ou inédites. *Paris, Aug. Aubry,* 1855-1860, 3 vol. pet. in-8, cart.

Œuvres inédites de P. de Ronsard. — Le Blason des couleurs. — Chants historiques et populaires du temps de Charles VII.

593. Première Semaine, ou Création du monde de Guillaume de Saluste, seigneur du Bartas, reveue et augmentée d'une troisiesme partie, sur la seconde sepmaine du feu sieur du Bartas, et embellie en divers passages par l'autheur mesme. Dernière édition. *Lyon, Fr. Arnoullet,* 1608. — La Judith, l'Uranie, le Triomphe de la foy, l'Hymne de la Paix, les neuf Muses de Guillaume de Saluste. *Lyon, Pierre Rigaud,* 1608, 1 tome en 2 vol. in-12, fig. v. ant. éc. lil.

Cette édition contient les notes et commentaires de Simon Goulard.

594. La Seconde Sepmaine de Guillaume de Saluste, seigneur du Bartas. Reveue et augmentée d'une troisiesme partie..... & embellie en divers passages par l'autheur mesme. *Paris, Jean du Carroy,* 1603, 682 pp. — Suite des Œuvres de G. de Saluste, sieur du Bartas. *Paris, du Carroy,* 1603, 198 pp. et 8 ff. — Ens. 2 ouvrages en 1 vol. pet. in-12, vél.

Édition avec les notes de Simon Goulard. Mouillures.

595. Les Œuvres poétiques du sieur de La Vallettrye. *Paris, Est. Vallet,* 1602, pet. in-12, car. ital. v. ant. marb.

Recueil rare et curieux de pièces de vers dont quelques-unes sont fort lestes. Mouillures.

596. Les Satyres et autres Œuvres du sieur Regnier. Augmentéz de diverses pièces cy-devant non imprimées. *A Paris, chez Loyson,* 1655, petit in-12, mar. r. fil. tr. dor. (*Rel. anc.*)

Exemplaire fatigué.

597. Satires de Dulorens. Édition de 1646 contenant vingt-six satires, publiée par D. Jouaust et précédée d'une notice littéraire par E. Villemin, *Paris. D. Jouaust,* 1869, in-12, portr. demi-rel. mar. vert avec coins, tête dor. (*Lanscelin.*)

598. Fables de La Fontaine, suivies d'Adonis, poëme. Édition stéréotype. *A Paris, de l'imprimerie de P. Didot l'aîné, an VII* (1789), 2 vol.
in-18, mar. olive, fil. tr. dor. (*Rel. anc.*)

Exemplaire en PAPIER VÉLIN.

599. OEuvres de M. Boileau Despréaux. *A Londres*, 1780, 2 vol. in-16,
portr. mar. r. fil. tr. dor. (*Rel. anc.*)

Jolie édition Cazin.

600. Poésies de madame Deshoulières. Nouvelle édition, augmentée de
plusieurs ouvrages qui n'ont point encore paru. *Paris, Jean Villette,*
1707-11, 2 tomes en 1 vol. in-8, portr. mar. r. tr. dor. (*Rel. anc.*)

Mouillures. La reliure est fatiguée.

601. Les Chansons folastres et récréatives de Gauthier Garguille. *Paris,*
A. Claudin, 1858, in-8, portr. demi-rel. mar. La Vall. avec coins,
ébarbé.

602. Recueil des plus belles pièces des poètes français tant anciens
que modernes, depuis Villon jusqu'à M. de Benserade (choisies par
Fontenelle). *Paris, Claude Barbin,* 1692, 5 vol. in-12, v. ant.

Les tomes II à V portent des armoiries sur les plats.

603. Voyage de messieurs Bachaumont et La Chapelle, auquel on a
joint les Poésies du chevalier de Cailly, la Relation des campagnes
de Rocroi et de Fribourg, et les Visionnaires, comédie de Jean-Des-
Marets : toutes pièces excellentes qui étoient devenues fort rares.
A Amsterdam, chez Pierre de Coup, 1708, in-8, v. gris, dos orné, fil.
tr. r. (*Petit, succ^r de Simier.*)

604. Chansons sur la Régence. Trois chansons attribuées au Régent,
publiées par Ach. Genty. *Paris, Poulet-Malassis et de Broise,* 1861,
in-12 carré, titre rouge et noir, papier vergé, demi-rel. mar. r. avec
coins, fil. tête dor. ébarbé (*David.*)

Tiré à petit nombre.

605. Vert-Vert, poème par M. Gresset (suivi de La Critique de Vert-
Vert, comédie) *S. l.* 1772. — Le Carême impromptu, poème (de Gresset). *La Haye, de Hondt,* 1769. — La Chartreuse et les Ombres.
Épîtres de M. G. (Gresset). *S. l.* 1736. — Ens. 3 pièces en 1 vol. in-12,
cart.

606. Le Petit-Neveu de Boccace, ou Contes nouveaux, en vers. Nouvelle
édition revue, corrigée et augmentée par M. Pl. D. (Pluchon-Des-
touches). *Amsterdam,* 1787, 3 vol. in-8, br.

Exemplaire sur PAPIER VERGÉ ROSE.

607. La Grande Bible renouvellée, ou Noëls nouveaux où tous les
mystères de la naissance et de l'enfance de Jésus-Christ sont expli-
qués. *A Troyes, chez J.-Ant. Garnier, s. d.* 3 parties en 1 vol. pet. in-8,
demi-rel. v.

608. OEuvres complètes de Grécourt, enrichies de gravures. Nouvelle
édition. *Paris, Chaignieau, an V* (1796), 4 vol. in-8, portrait par Du-
préel et fig. de Fragonard, bas. ant. marb. dos orné, fil. tr. marb.

609. Recueil de chansons amoureuses. In-8 oblong, fig. vélin, comp.
dorés avec semis de marguerites et couronne de feuillage. (*Reliure
ancienne fatiguée; remboîtage.*)

> Manuscrit du xviiie siècle de 73 feuillets offrant des modèles de toutes sortes
> d'écritures. On y a intercalé 20 figures emblématiques très curieuses : Malice des
> femmes, Scènes amoureuses, Scènes de chasse, Proverbes, etc. ; quelques-unes
> sont coloriées.

610. Les Flèches d'Apollon, ou nouveau recueil d'épigrammes anciennes et modernes (par l'abbé Chandon). *Londres (Cazin)*, 1787,
2 vol. in-18, demi-rel. bas. non rog.

611. OEuvres poétiques de André de Chénier, avec une notice et des
notes par M. Gabr. de Chénier. *Paris, Alph. Lemerre*, 1874, 3 vol.
in-12, portrait, br.

612. Poésies de Vasselier, membre de l'Académie de Lyon (contes,
poésies et mélanges). *Paris, Louis*, 1800, 3 vol. in-16, portr. cart.

> Mouillure au portrait.

613. La Franciade, poëme en dix chants par M. Viennet, précédé d'une
introduction par J. Janin. *Paris, H. Plon*, 1863, in-12, br.

> Exemplaire tiré sur papier jonquille, rare.

614. OEuvres complètes de Charles Baudelaire. *Paris, Michel Lévy*,
1868-1869, 6 vol. in-12, portr. demi-rel. chag. r. tête dor. ébarbés.

615. Chansons de Gustave Nadaud, avec un portrait de l'auteur et une
chanson autographe. Huitième édition, augmentée de 39 chansons
nouvelles. *Paris, Plon*, 1870, in-8, portr. demi-rel. chag. vert avec
coins, tête dor. ébarbé.

616. Des Chansons populaires. Essai historique, par Ch. Nisard. *Paris,
E. Dentu*, 1867, 2 vol. in-12, demi-rel. mar. r. fil. tête dor.

617. Diabotanus, ou l'Orviétan de Salins, poëme héroï-comique, traduit du languedocien (par Cl.-Mar. Giraud). *Paris*, 1749, in-12, v.
ant. marb. fil.

> Exemplaire aux armes de Mme de Pompadour.

---

618. Il Petrarca. (A la fin, à la suite des errata :) *Impresso in Fiorenza
p li heredi di Giunta l'anno M. D. XXII. del mese di Luglio* (1522),
petit in-8, fig. sur bois, mar. citron, dos orné, fil. tr. dor. (*Rel. anc.*)

> Quatrième édition des poésies de Pétrarque, préférable aux trois premières à
> cause de la correction du texte et du choix des leçons. Le titre est dans un enca-
> drement gravé sur bois. Le texte comprend 180 ff. chiffrés et le volume se ter-

mine par 24 ff. non chiffrés pour la table, les poésies attribuées à Pétrarque, un avis de l'éditeur et un errata. Les gravures sont les mêmes que dans l'édition de 1515.

Quelques feuillets jaunis.

619. Poesie volgari di Monsignor Antonio Querenghi, al ser. sig. il sig. Duca di Parma. *Roma, Facciotto*, 1616, in-8 carré, car. ital. mar. r. fil. (*Rel. anc.*)

Signature de J.-A. DE THOU sur le titre.

IV. THÉATRE. — ROMANS. — MÉLANGES

620. M. Acci Plautæ comœdiæ superst. XX. *Amsterodami, apud Larissonium*, 1619, 1 tome en 2 vol. pet. in-16, titre gr. mar. r. dos orné, fil. tr. dor. (*Rel. anc.*)

Quelques taches.
Hauteur : 117 mill.

621. Chefs-d'œuvre de P. Corneille, 3 vol. — Chefs-d'œuvre de T. Corneille, 1 vol. — *Paris, de l'impr. de P. Didot l'aîné, an VIII.* — Ens. 4 vol. in-18, mar. r. fil. tr. jaspé. (*Rel. anc.*)

Édition stéréotype.

622. OEuvres complètes de Molière, ornée de vignettes gravées sur acier d'après les dessins de G. Staal. *Paris, Garnier fr.* 1874, gr. in-8, fig. br.

623. Ouvrages sur Molière, 6 vol.

Recherches sur Molière et sur sa famille par Eud. Soulié, 1863, in-8, br. — Mémoires sur Molière et sur Mme Guérin sa veuve. *Paris*, 1822, in-8, br. — Histoire de la vie et des ouvrages de Molière par J. Taschereau. *Paris*, 1828, in-8, portrait, br. — Notes historiques sur la vie de Molière, par A. Bazin. *Paris*, 1851, in-12, br. — Molière musicien, par Castil Blaze. *Paris*, 1852, 2 vol. in-8, demi-rel. chag. r.

624. Théâtre de Corneille Blessebois. *Paris, de l'impr. Jouaust*, 1864, in-8, papier vergé, cuir de Russie quadrillé, tr. r.

Jolie édition tirée à petit nombre.

625. Balet de l'oracle de la Sibile de Pansoust. Dansé au Palais Royal, et à l'hostel de Luxembourg. *Paris, Jean Bessin*, 1645, in-4, car. ital. 12 ff. demi-rel. chag. r. avec coins.

626. Jesus Maria. Sur le martyre des saints Innocens, tragédie. — Sainte Hermenégilde. — Sur le martyre de saint Sébastien. *S. l. n. d.* 3 pièces en 1 vol. in-8, v. ant.

Recueil rare. Ces trois pièces ont été publiées vers 1660.

627. OEuvres de monsieur Marmontel. Nouvelle édition. *A La Haye, chez Pierre Gosse*, 1757, in-12, titre rouge et noir, mar. r. dos orné, fil. tr. dor. (*Rel. anc.*)

Volume contenant les tragédies suivantes : Aristomène. — Cléopâtre. — Denis le Tyran. — Les Héraclides.

628. Théâtre d'amour. *Paris, Cailleau*, 1783, 2 vol. in-24, demi-rel. v. bleu, ébarbés.

> Attribué à Bertrand Robineau, dit de Beaunois.

629. OEuvres complètes de F. Ponsard, de l'Académie française. *Paris, Michel Lévy fr.* 1865, 2 vol. in-8, demi-rel. v. f. fil. tr. marb.

630. Les Amours de Daphnis et Chloé (par Longus). Traduction de 1782. *A Mithylène*, 1783, in-16, fig. et vignettes, mar. r. fil. tr. dor. (*Rel. anc.*)

> Jolie édition Cazin.

631. Aventures de Hysminé et Hysminias ; Aventures de Drosilla et Chariclès ; traduites du grec avec des remarques par Ph. Le Bas. *Paris, J.-S. Merlin*, 1828-1841, 2 vol. in-16, br.

> Tomes XIV et XV de la *Collection des romans grecs.*
> Exemplaire en GRAND PAPIER.

632. L'Historial du Jongleur. Chroniques et légendes françaises, publiées par MM. Ferdinand Langlé et Em. Morice ; ornées d'initiales, vignettes et fleurons imités des manuscrits originaux. *Paris, impr. Didot*, 1829, in-8, lettres initiales et ornements en couleur, fig. demi-rel. mar. vert.

633. Le Bel Inconnu, ou Giglain, fils de messire Gauvain. poëme de la Table ronde. publié avec une introduction et un glossaire par C. Hippeau. *Paris, Aug. Aubry*, 1868, pet. in-8, br.

> Exemplaire sur PAPIER VERGÉ VIOLET.

634. Chronique de Turpin. *Paris, Silvestre*, 1835, in-4 à 2 col. demi-rel. mar. vert à long grain avec coins.

> Réimpression fac-similée, tirée à petit nombre.
> Exemplaire de VIOLLET-LE-DUC.

635. Histoire de Huon de Bordeaux, pair de France & duc de Guyenne, contenant ces faicts, et actes héroïques, compris en deux liures. Autant beau & récréatif discours que des long temps aye été leu. Recentement reveu et corrigé de nouveau. *Lyon, Jean Huguetant*, 1626, pet. in-8, v. ant. marb.

> Court de marges.

636. Les Cent Nouvelles nouvelles. Suivent les Cent Nouvelles contenant les cent histoires nouveaux... Avec d'excellentes figures en taille-douce, gravées sur les dessins du fameux M. Romain de Hooge & retouchées par feu B. Picart le Romain. *Cologne, Pierre Gaillard*, 1736, 2 vol. in-8, fig. v. f. ant. fil.

> Ouvrage recherché pour les curieuses figures dont il est orné.

637. Les Contes des fées, en prose et en vers, de Charles Perrault. Deuxième édition revue et corrigée sur les éditions originales et précédée d'une lettre critique par Ch. Giraud. *Lyon, impr. L. Perrin*, 1865, in-8, fig. br.

638. Alosie, ou les Amours de Mmes de M. T. P. (Montespan). Avec une notice historique sur P. C. Blessebois par Marc de Montifaud. *Paris, Debons,* 1876, pet. in-8, demi-rel. v. r.

639. Histoire nouvelle (Histoire du bouquet ou l'histoire de Zelinde), dédiée au génie du siècle, avec la relation d'une Isle que personne n'a jamais vu et ne verra jamais. Par un auteur moderne. *Ripsa (Paris),* 1746, in-16, mar. vert foncé, dos orné, fil. tr. dor. (*Rel. anc.*)

Conte de fée.

640. Angola, histoire indienne. Ouvrage sans vraisemblace (*sic*). A *Agra, avec privilège du Grand Mogol,* 1749, 2 parties en 1 vol. in-12, demi-rel. mar. grenat, tête dor. non rog.

Roman attribué à de La Morlière, ainsi qu'au duc de La Trémoille.

641. La Cacomonade, ouvrage posthume du docteur Pangloss (comp. par Linguet), servant de supplément au chapitre quatrième de l'Optimisme. Seconde édition. *Paris, Cellot,* 1767, pet. in-12, cart.

Ouvrage fort curieux dans lequel on trouve statuts donnés par la reine Jeanne à un couvent de filles à Avignon qui furent pris au sérieux par de graves auteurs.

642. Lettres d'Afli à Zurac, publiées par M. de Lacroix. A *La Haye, et à Paris, chez Durand,* 1767, in-12, mar. vert, dos en mar. r. fil. tr. dor. (*Rel. anc.*)

Imitation des *Lettres Persanes.*

643. Le Compère Mathieu, ou les Bigarrures de l'esprit humain (par l'abbé H.-Jos. Du Lorens). Nouvelle édition. *Londres,* 1772, 3 vol. in-12, demi-rel. chag. bleu avec coins, non rog.

644. Téléphe en XII livres (par J. de Pechmeja). Seconde édition. *Paris,* 1784, 2 vol. in-12, chag. La Vall. tr. dor.

645. Paul et Virginie, par Jacques-Bernardin de Saint-Pierre; orné de quatre jolies gravures. *Paris, Déterville,* 1816, in-18, fig. de Moreau le jeune, v. brun avec comp. de v. viol. tr. dor. (*Thouvenin.*)

646. Les Grotesques, par Théophile Gautier. *Paris, Desessart,* 1845, 2 vol. in-8, br.

Deuxième édition.

647. Champavert. Contes immoraux, par Petrus Borel le lycanthrope. *Amsterdam, imprimerie de la Société des Bibliophiles Brabançons,* 1870, in-13, papier teinté, demi-rel. cuir de Russie, tête dor. ébarbé, couverture.

Jolie édition compacte, tirée à petit nombre.

648. Romans et Mélanges. 6 vol. in-12, br.

Carolus Brio. A. Huis clos, 1882. — P. L. (Paul Lacroix). Recherches sur les maladies de Vénus. 1883. — Cuisin. Les Femmes entretenues dévoilées. 1853. — L'Homme qui tue! (Les Bureaux arabes sous le second empire). 1878. 2vol. — Le Zombi du Grand Pérou.

649. Les Amours de Charles de Gonzague, duc de Mantouë et de Marguerite comtesse de Rovete. Écrites en italien par le sieur Giulio Capocoda et traduites en françois. *S. l.* 1667, pet. in-12, mar. vert, fil. doublé et gardes de tabis rose, tr. dor. (*Rel. anc.*)

Exemplaire tache et rogné à la lettre.

650. Voyages de Gulliver, traduits par M. l'abbé Des Fontaines. Nouvelle édition. *Paris, Guérin*, 1762, 2 vol. in-16, 4 fig. v. br.

651. La Vie et les Aventures de Robinson Crusoë, par D. de Foë. *Paris, Verdier, an VIII* (1800), 3 vol. in-8, fig. demi-rel. bas.

Belle édition ornée de 3 titres gr. avec fleurons, 1 portr. par Delveaux et 18 fig. d'après Stothardt.
Les fig. 16-18 manquent.

652. Le Vicaire de Wakefield, par Goldsmith, traduction de Charles Nodier, illustrée par Jacques. *Paris, E. Blanchard*, 1853, 2 parties en 1 vol. in-8, fig. cart. percal. non rog.

653. Alcibiade. *Paris, Buisson*, 1789, 4 vol. in-8, fig. br.

Traduction libre de l'allemand par M. Rauquil-Lieutaud.
Les figures sont AVANT LA LETTRE.

654. Pétrone latin et françois. Traduction entière suivant le manuscrit trouvé à Belgrade en 1688. Nouvelle édition augmentée. *Amsterdam*, 1756, 2 vol. in-12, front. et fig. v. ant. marb. fil.

655. Liber Satyrarum sexdecim Frederici Nomii, Anglariensis, presbyteri, arguti, inter concordes academici insensati. *Lugduni in Batavis, Jordan Luchtmans*, 1703, in-8, bas. ant.

Aux armes de CHARLES-MAURICE LE TELLIER, archevêque de Reims.

656. La Clef du grand dictionnaire historique des Prétieuses. A *Paris*, 1661, in-4, vél. fil. et comp. dor. tr. dor.

MANUSCRIT sur papier de 21 ff. provenant de la bibliothèque du docteur DESBARREAUX-BERNARD. Il y a tout lieu de croire que cette clef donnée peu de temps après l'ouvrage doit être exacte. En face de chaque nom est indiqué l'endroit du livre où est mentionnée la persoune dont il s'agit.
Sur un des feuillets de garde se trouve une note de l'abbé Sepher.

657. Le Conte du Tonneau contenant tout ce que les arts et les sciences ont de plus sublime et de plus mystérieux; avec plusieurs autres pièces très curieuses, par Jonathan Swift (traduit par J. Van Effen). *Lausanne, Bousquet*, 1756, 3 vol. in-12, fig. cart. non rog.

658. Horapollinis Hieroglyphica græce et latine cum integris observationibus et notis Joann. Merceri, et David Hœschelii, et selectis Nicolai Caussini, curante Joanne Cornelio de Pauw, qui suas etiam observationes addidit. *Trajecti ad Rhenum, apud Melchior. Leonardum Charlois*, 1727, in-4, titre r. et noir, mar. r. dos orné, fil. tr. dor. (*Rel. anc.*)

659. Polydori Vergilii Urbina‖tis præsbyteri proverbiorū liber, quo ‖ parœmiæ insigniores omnium fere ‖ scriptorum luculentissima ‖ enarratione ex‖plicantur. ‖ Lector eme, lege, ‖ et probabis. (A la fin :) *Matthias Schürerius Helvetensis Argentorati venustissimis formis excudit, M D X* (1510), in-4, goth. de 8 ff. prél. et 51 ff. chiff. peau de truie.

> La reliure contenait d'autres ouvrages qui ont été enlevés.

660. P. Fausti Andrelini ‖ Foroliviensis poete laurati at‖que oratoris clarissimi epi‖stole proverbiales et mo‖rales longe lepidissi‖mæ nec minus ‖ sententiose. (A la fin :) *Argentorati, ex ædibus Mathie Schurerii*, 1517, in-4 de 14 ff. titre avec enc. sur bois, cart.

661. Josephi A Pinu Auerbachii Eteostichorum liber. Ejusdem Ænigmatum de Annis natalibus illustrium ac clarorum aliquot virorum libellus. *Witebergæ, excudebat Joh. Lufft*, 1566, in-8, v. brun ant. comp. en relief et dorés. (*Rel. anc. fatiguée.*)

> Petit livre curieux. Remboitage.

662. Alexandri ab Alexandro Genialium Dierum libri sex. Editio ultima, cum Indice locupletissimo. *Francofurti*, 1626, in-8, v. f. ant. dos orné.

> Exemplaire aux armes et au chiffre de J.-A. DE THOU et de GASPARDE DE LA CHASTRE.
>
> Taches d'humidité.

663. Le Livre des Proverbes français, précédé de recherches historiques par M. Le Roux de Lincy. *Paris, Ad. Delahays*, 1859, 2 vol. in-12, br.

664. — Le même ouvrage, même édition. 2 vol. in-12, demi-rel. vél. non rog.

> Exemplaire en GRAND PAPIER DE HOLLANDE.

665. Longueruana, ou Recueil de pensées, de discours et de conversations de feu M. Louis Du Four de Longuerue. *A Berlin*, 1754, 2 vol. in-12, mar. r. dos orné, fil. (*Rel. anc.*)

> PREMIÈRE ÉDITION, publiée par N. Desmarets.

666. — Le même ouvrage, même édition. 2 tomes en 1 vol. in-12, v. f. fil. tr. marb.

667. Hadriani Junii medici emblemata. Eiusdem ænigmatum libellus. *Antuerpiæ, Plantin*, 1569, in-16, fig. en bois, vél. tr. dor. (*Rel. très fatiguée.*)

> Édition contenant un bon tirage des figures.
>
> Exemplaire interfolié. A la fin des *Énigmes*, quelques additions manuscrites de l'époque.
>
> Fortes taches et mouillures.

668. In Charonis et Mercurii dialogū latinum de greco exac‖ta trāslatione factū prologus incipit ad quendam reverō‖dissimum patrē cuius nomen incuria ac negligentia scri‖ptorum in oblivionem abiit.

(A la fin :) *Finit Charonis et Mercurii dialogus acrebris | et squallĕtibus
imperito⁊ impssorum mendis exac ‖ te ac diligenter levatus. S. l. n. d.*
in-8, goth. de 10 ff. non chiff. dérel.

Rare. Fortes mouillures.

669. Petri Godofredi Carcassonensis iureconsulti, procuratoris regii
in fide. Dialogus de Amoribus tribus libris distinctus. *Antuerpiæ,
apud Gerardum Ludium,* 1554, pet. in-16, v. ant. marb.

Petit ouvrage rare et curieux de 27 ff. prél. et 383 pp. que Brunet ne signale
pas.

670. L'Entretien des musiciens par le Sr Gantez... publié d'après l'édition rarissime d'Auxerre, 1643, par Ern. Thoinan. *Paris, Claudin,*
1878, in-12, br.

671. Lettres inédites de Mme de Maintenon et de Mme la princesse des
Ursins. *Paris, Bossange fr.* 1826, 4 vol. in-8, demi-rel. v. viol.

672. Correspondance de Mme de Pompadour, publiée par M. A. P. Ma-
lassis. *Paris, J. Baur,* 1878, in-8, portr. et vign. br.

673. Correspondance inédite de Buffon à laquelle ont été réunies les
lettres publiées jusqu'à ce jour, recueillie et annotée par M. H. Na-
dault de Buffon. *Paris, Hachette,* 1860, 2 vol. in-8, demi-rel. chag.
viol. tr. marb.

674. Lettres de Henri VIII à Anne Boleyn, avec la traduction; pré-
cédées d'une notice historique sur Anne Boleyn (par Crapelet).
Paris, Crapelet, s. d. in-8, portr. cart. non rog.

Exemplaire avec un envoi autographe de l'auteur à M. de Gérando, auquel
on a joint 2 ff. de dédicace *au roi Charles X.*

675. Philippi Beroaldi opusculum eruditum : quo continentur Decla-
matio philosophi medici oratoris de excellētia disceptātiū, et Libellus de optimo statu et principe. *Bononiæ, per Benedictum Hectoris,*
1497, in-4 de 38 ff. demi-rel. bas. r.

Opuscule fort rare. Bel exemplaire.

676. Petri Pithœi Opera sacra, iuridica, historica, miscellanea. *Parisiis, ex officina Nivelliana,* 1609, in-4, vél.

677. Œuvres du marquis de Villette. *Londres,* 1786, in-16, cart. perc.
non rog.

Exemplaire sur PAPIER DE HOLLANDE ROSE.

678. Charles Nodier. Ouvrages divers. 5 vol.

Mélanges et nouveaux Mélanges tirés d'une petite bibliothèque. *Paris,* 1829,
1844. 2 vol. in-8, demi-rel. chag. et br.   Bonaventure Desperiers. *Paris, Techener.*
1841, in-8. br. — Histoire du roi de Bohême et de ses sept châteaux. *Paris, Delangle,* 1830, in-8, fig. cart. — Le même. *Paris, V. Lecou,* 1852. in-12, br.

679. Gabr. Peignot. Ouvrages divers. *Paris, Renouard*, 1810-1834, 4 vol. in-8, reliés.

Répertoire de bibliographies spéciales, curieuses et instructives. Exemplaire en *grand papier*. — De la Maison Royale de France. — Essai chronologique sur les hivers les plus rigoureux. — Essai historique et archéologique sur la reliure des livres.

680. Variétés historiques et littéraires. Recueil de pièces volantes, rares et curieuses, en prose et en vers, revues et annotées par M. Ed. Fournier. *Paris, P. Jannet*, 1855-1863, 10 vol. in-16, cart. non rog.

681. Edelestand du Meril. Poeseos popularis ante sæculum duodecimum latine decantatæ reliquias. — Poésies latines du Moyen âge. — Origines latines du théâtre moderne. — *Paris*, 1843-49. — Ens. 3 vol. in-8, bas. verte, fil.

Exemplaires aux armes du marquis de MORANTE.

682. Ouvrages de M. Ed. Sénemaud :

1. De la Noblesse actuelle en France. *Angoulême, Ludovic Goblet; Paris, Aug. Aubry*, 1857, br. in-12 de 34 pp.
2. Société archéologique et historique de la Charente. Compte-rendu des séances mensuelles de juin, juillet et août 1858. *Angoulême et Paris*, 1858, br. in-8 de 32 pp.
3. Un document inédit sur Antoine Vérard, libraire et imprimeur. Renseignements sur le prix des reliures, des miniatures et des imprimés sur vélin au XVe siècle. *Angoulême, impr. de A. Nadaud*, 1859, br. in-8 de 7 pp. papier vergé. Extrait des *Archives du Bibliophile*. (3 exemplaires.)
4. Une lettre inédite de la Princesse des Ursins. *Paris, A. Claudin; Angoulême, impr. A. Nadaud*, 1860, br. in-8 de 30 pp. papier vergé et 3 fac-similés. (3 exemplaires.)
5. Discours sur la ruine et démolition du château de Lésignan, par F. de Corlieu, opuscule inédit, publié par M. Ed. Sénemaud. *Angoulême, impr. A. Nadaud*, 1860, br. in-8 de 15 pp.
6. Notice historique sur la principauté de Marcillac. *Paris, A. Claudin; Angoulême, impr. de A. Nadaud*, 1862, in-8 de 90 pp. papier de Hollande, br. Extrait du *Bulletin de la Société archéologique et historique de la Charente*.
7. Inventaire sommaire des archives départementales antérieures à 1790, publié par ordre de Son Exc. M. le comte de Persigny. Département des Ardennes, Archiviste M. Sénemaud. *Mézières, Lelaurin*, 1863-1867, 5 livraisons in-4, br. — Archives communales antérieures à 1790. Rédigé par Ed. Sénemaud. Ville de Mézières. *Mézières, Lelaurin*, 1873, in-4, br.
8. Revue historique des Ardennes, publiée par Ed. Sénemaud. *Mézières, typographie de F. Devin*, 1864-1867, 6 vol. in-8, br. Les trois premières années. Publication devenue très rare, les derniers exemplaires ayant été détruits par le bombardement de Mézières de 1870-1871.
9. Les Archives des Ardennes en 1865. *Mézières, F. Devin*, 1865, br. in-8 de 16 pp. papier vergé. (8 exemplaires.)
10. Mémoire historique sur les châteaux, citadelles, forts et villes de Mézières, Charleville et le Mont-Olympe, par le chevalier de Châtillon, publié et annoté par Ed. Sénemaud. *Paris, Mézières et Reims*, 1865, br. in-8 de 84 pp. (21 exemplaires.)
11. Terres et fiefs relevant de l'évêché d'Angoulême au 1er janvier 1789. *Paris, J. B. Dumoulin; Angers, imp. P. Lachèze*, 1867, in-8 de 112 pp. br. Extrait de la *Revue Nobiliaire*. (3 exemplaires.)
12. Mémoire sur les antiquités de Sedan et des autres villes frontières de la

Meuse, par Lannoy, publié par Ed. Sénemaud. *Paris, J.-B. Dumoulin; Mézières, F. Devin*, 1867, in-8 de 107 pp.br.

13. Biographie. Les comtes et barons d'Auger. *Mézières, impr. de F. Devin*, 1868, br. in-8 de 12 pp. papier vergé.
Extrait de la *Revue historique des Ardennes*.
(10 exemplaires.)

14. Généalogie de la Maison de Maillart. *Paris, J.-B. Dumoulin; Mézières, F. Devin*, 1868, br. in-8 de 40 pp.
Extrait de la *Revue historique des Ardennes*.

15. Notices historiques. Entrevues dans les Ardennes (859-1654). *Paris, H. Champion; Charleville, impr. F. Devin*, 1873, br. in-8 de 34 pp. papier de Hollande.

16. L'Ordre de Malte dans les Ardennes. *Mézières, impr. de F. Devin, s. d.* br. in-8 de 12 pp. papier vergé.
Extrait de la *Revue historique des Ardennes*.
(15 exemplaires.)

683. Société des anciens textes français. *Paris, Firmin Didot*, 1875-1882, 24 vol. in-8, cart. non rog. — Bulletin de la Société, 1875-1885, 24 fascicules in-8 et 1 atlas in-fol. cart.

Chansons du xvᵉ siècle. — Brun de la Montaigne. — Les sept sages de Rome. — Guillaume de Salerne. — Miracles de Notre-Dame, 6 vol. — Aiol. — Le saint voyage de Jherusalem. — Le mistère du Vieil Testament, 4 vol. — Œuvres complètes d'Eustache Deschamps, 3 vol. — Elie de Saint-Gille. — Chronique du Mont Saint-Michel, tome Iᵉʳ. — Dauvel et Beton. — La vie de Saint-Gilles. — Raoul de Cambrai. — Les plus anciens monuments de la langue française (ixᵉ, xᵉ siècle), album in-fol.

684. Bibliothèque elzevirienne. *Paris, P. Jannet et Duffis*, 1855, 30 vol. in-16 la plupart cart. perc. r. non rog. quelques-uns en demi-rel.

Marolles. Livre des peintres. — Le livre du chevalier de la Tour-Landry. — La Rochefoucauld. — Anciens poètes de la France. Gui de Bourgogne. — Coquillart, 2 vol. — Gringore, tome Iᵉʳ. — Melin de Sainct-Gelays, 3 vol. — Racan, 2 vol. — Remy Belleau, 3 vol. — Tabarin, 2 vol. — Dictionnaire des précieuses. 2 vol. — Caquets de l'accouchée. — Nouvelle fabrique. — Nouvelles françoises du xiiiᵉ et du xivᵉ siècle. — Avantures du baron de Freneste. — XV Joies du mariage. — Évangiles des Quenouilles. — Le Plaisir des champs. — Violier des histoires romaines. — Mémoires de Campion.

HISTOIRE

I. HISTOIRE UNIVERSELLE. — HISTOIRE DES RELIGIONS
HISTOIRE ANCIENNE

685. Trésor chronologique et historique contenant ce qui s'est passé de plus remarquable et de plus curieux dans l'estat tant sacré que prophane depuis le commencement du monde jusques à la naissance de Jésus-Christ. Le tout divisé en cinq aages par le Père dom Pierre de Saint-Romuald. *Paris, Ant. de Sommaville*, 1642-46, 3 vol. in-fol. v. ant. marb.

686. Πασχάλιον seu Chronicon paschale a mundo condito ad Heraclii
imperatoris annum vicesimum. Opus..... nunc tandem auctius et
emendatius cum nova versione latina et notis chronicis ac historicis,
cura et studio Caroli du Fresne, d. du Cange. *Parisiis, e typ. regia,*
1688, in-fol. à 2 col. v. ant.

687. Histoire universelle, publiée sous la direction de M. V. Duruy.
Paris, Hachette, 1876, 7 vol. in-12, cartes, brochés et en demi-rel.

    Ch. Dreyss. Chronologie universelle, 2 vol. — V. Duruy. Histoire Romaine. -
Pierron. Littérature romaine. — J. Guillemin. Histoire ancienne de l'Orient. —
V. Duruy. Histoire du moyen âge. — Zeller. Histoire d'Italie. — Fleury. His-
toire d'Angleterre. — J. Demogeot. Histoire de la littérature française.

688. De Statu religionis christianæ per Europam, Asiam, Africam et
Orbem novum, libri IV. Aubertus Miræus publicabat. — Originum
monasticarum libri IV. Aubertus Miræus publicabat. — *Coloniæ
Agripp. Gualther,* 1619-1620. — Ens. 2 ouvrages en 1 vol. in-8, vél.

689. Gallia christiana, opera et studio Dionysii Sammarthani, editio
accuratissime correcta cura Dom P. Piolin. *Parisiis, Victorem Palmé,*
1870-1874, 7 vol. in-4, cart.

    Tomes I à V; tomes XI et XIII.
    Le tome I renferme l'histoire des provinces ecclésiastiques du Midi; le
tome II, l'histoire des provinces de Bourges et de Bordeaux; le tome III, l'histoire des provinces de Cambrai, Cologne et Embrun; le tome IV, l'histoire de
la province de Lyon; le tome V, l'histoire des provinces de Malines et de
Mayence; le tome XI, l'histoire de la province de Normandie; et le tome XIII,
l'histoire des provinces de Toulouse et de Trèves.

690. Gallia christiana, qua series episcoporum, archiepiscoporum et
abbatum Franciæ..... deducitur. Opus Scævolæ et Ludovici Sammar-
thanorum, auctum et primo in lucem editum a Petro Abelis et Ni-
colao Sammarthanis. Tomus IV. *Lutetiæ Parisiorum, Guignard,* 1636,
in-fol. à 2 col. bas.

    Tome IV : Abbatiæ Galliarum.

691. Sancti Georgii Florentii Gregorii, episcopi Turonensis, historiæ
ecclesiasticæ Francorum libri decem. Animadversionibus illustra-
verunt J. Guadet et N.-R. Taranne. *Paris, Renouard,* 1836, 4 vol.
in-8, demi-rel. bas. bleue.

    Texte latin et traduction française.
    Mouillures.

692. Cartulaire de l'abbaye de Notre-Dame de la Roche de l'ordre de
Saint-Augustin, au diocèse de Paris, d'après le manuscrit original de
la Bibliothèque impériale, enrichi de notes, d'index, etc. par Aug.
Moutié, sous les auspices et aux dépens de M. H. d'Albert duc de
Luynes. *Paris, H. Plon,* 1862, in-4, br.

693. Cameracum christianum, ou histoire ecclésiastique du diocèse de
Cambray, par A. J.-G. Le Glay. *Lille et Paris, s. d.* gr. in-8, à 2 col. br.

694. Chronicon Cameracense et Atrebatense, sive Historia utriusque
ecclesiæ, III libris abhinc DC. fere annis conscripta, a Balderico No-

viomensi et Tornacensi episcopo. Nunc primum in lucem edita et
notis illustrata per Georgium Colvenerium. *Duaci, Bogard*, 1615,
in-8, mar. olive, tr. dor. (*Rel. anc.*)

Livre curieux.

Exemplaire au chiffre et aux secondes armes de DE Thou, contenant les trois
tableaux gravés.

695. Legatus ecclesiasticus pro Ecclesia Cameracensis ad... regem
Hispaniarum Ecclesiæ Cameracensis protectorem. *S. l. n. d.* in-fol.
cart.

Ouvrage fort rare, suivi d'un assez grand nombre de pièces justificatives
curieuses.

696. Chronique des évêques de Meaux, suivie d'un état de l'ancien diocèse et du diocèse actuel, par Aug. Allou. *Meaux, Cochet*, 1875, demi-
rel. bas. r. tr. marb.

697. Cartulaire de l'abbaye de Saint-Bertin, publié par M. Guérard.
Paris, 1840, in-4, cart.

698. Cartulaire de l'abbaye de Conques en Rouergue, publié par Gustave Desjardins. *Paris, Alph. Picard*, 1879, in-8, br.

699. Cartulaire de l'abbaye de Saint-Étienne de Baigne (en Saintonge),
publié par l'abbé Cholet. *Niort, Clouzot*, 1868, in-4, br.

700. Cartulaire de l'abbaye de Talmond. *Poitiers, Dupré*, 1873, in-8,
br.

701. Cartulare monasterii beatorum Petri et Pauli de Domina Clunia-
censis ordinis Gratianopolitanæ diœcesis. Ex scriptum ex antiquo
codice manuscripto... nunc primum sub auspiciis delphinalis academiæ Gratianopoli constitutæ. *Lugduni, Lud. Perrin*, 1859, in-8, papier
vergé teinté, br.

702. Pontificum romanorum qui fuerunt inde ab exeunte sæculo IX
usque ad finem seculi XIII vitæ ab æqualibus conscriptæ quas...
edidit I. M. Watterich. *Lipsiæ, Engelmann*, 1862, 2 vol. in-8, br.

703. Regesta Pontificum romanorum ab condita Ecclesia ad annum
post Christum natum MCXCVIII. Edidit Philippus Jaffé. *Berolini*, 1851,
in-4, br.

704. La Papesse Jeanne, ou Dialogue entre un Protestant et un Papiste,
prouvant manifestement qu'une femme nommée Jeanne a esté Pape
de Rome : contre les suppositions et objections faictes au contraire
par Robert Bellarmin et Cæsar Baronius, cardinaux, Florimond de
Ræmond, N. D. et autres escrivains papistes, par Alexandre Cooke,
ministre de la parole de Dieu à Leeds, en la comté d'Yorke. Et mis
en françois par I. de La Montagne. *A Sedan*, 1633, in-8, vélin blanc,
fil. tr. dor. (*Gruel.*)

Bel exemplaire de ce livre curieux.

705. Réponse au traité des Études monastiques, par M. l'abbé de La
Trappe (de Rancé). *Paris, Fr. Muguet*, 1692, in-4, v. ant. marb.

> Chiffre sur le dos et aux coins des plats.

706. Règles des Sœurs Mineures Urbanistes, et constitutions des Religieuses de Sainte-Claire du monastère de la Nativité de Jésus, avec
les Instructions intérieures et quelques prières et oraisons. Petit
in-8, fig. mar. noir, fil. à froid, fermoirs. (*Rel. anc.*)

> MANUSCRIT du XVIIIe siècle, de 346 pp. On y a intercalé de jolies figures emblématiques finement gravées.
> Le volume contient en outre : *Pensées de M. l'abbé de La Trappe sur divers sujets de piété*, 47 ff. et 4 ff. pour une copie de la sentence donnée contre le Christ par Ponce Pilate.

707. Vita precellentissimi ecclesie doctoris di‖vi Aurelii Augustini
Iponensis antistitis e‖dita a sacre theologie professore magist‖ro
Ambrosio Choriolano cive romano et ‖ totius sacri ordinis, fratrum
hieremita‖rum eiusdem sancti generali et prefatio ‖ in commentarios super regula ipsius ab eo‖dem generali compositos feliciter
incipit ‖ et primo ponitur exordium super vita. (A la fin :) *Rome, a
Magṙo Georgio Herolt de Bambergu*, 1481, in-fol. demi-rel. bas. ais
de bois.

> Ce volume se compose de 248 ff. sans chiff. récl. ni sign. en caractères ronds.
> La première page est ornée d'un encadrement peint et d'une lettre initiale en or
> sur fond rouge et bleu, style italien de l'époque; dans la marge du bas, un encadrement peint pour pouvoir y mettre un blason.
> Légères mouillures.

708. Historia S. Huberti principis Aquitani, ultimi Tungrensis, & primi
Leodiensis episcopi... conscripta a Johanne Roberti. *Luxemburgi,
Hubertus Reulandt*, 1621, in-4, v. br. ant. tr. dor.

> On a ajouté à la fin un *Index memorabilium* manuscrit. Sur le titre, signatures
> d'anciens possesseurs.

709. La Vie de saint Norbert, archevêque de Magdebourg & fondateur
de l'ordre des Chanoines prémontrez [par le R. P. Louis Hugo].
Luxembourg, André Chevallier, 1704, in-4, v. ant. gr.

710. La Vie de madame sainte Marguerite, vierge et martyre. Avec son
oraison. *Troyes, Jean Lecoq, s. d.* in-8 de 8 ff. non relié.

> Reproduction en fac-similé de l'édition gothique de 1540 par le procédé Piliuski,
> publiée à Paris en 1861 par René Muffat, libraire, et tirée à très petit nombre.

711. Miracle arrivé dans la ville de Genève en ceste année 1609. D'une
femme qui a faict un veau, à cause du mépris de la puissance de
Dieu et de madame saincte Marguerite. *Paris, jouxte la copie imprimée
à Tonon (Angoulême, impr. Frugier)*, 1609, br. in-8 de 14 pp.

> Réimpression moderne d'une pièce rare.
> Exemplaire sur PEAU DE VELIN.

712. Dissertation sur la sainte larme de Vendôme, par M. J.-B. Thiers.
A Amsterdam, 1751, in-12, titre gravé, v. ant. marb. fil.

713. Histoire des Albigeois et Gestes de noble Simon de Mont-Fort.
Descritte par Pierre des Vallées Sernay et rendue de latin en françois par M. Arnaud. *Paris, Chaudière*, 1569, in-8, cart.

Ouvrage rare. Fortes taches et mouillures.

714. Les Libres Prêcheurs devanciers de Luther et de Rabelais, étude
historique, critique et anecdotique sur les xiv°, xv° et xvi° siècles,
par Antony Méray. *Paris, Claudin*, 1860, in-16, demi-rel. v. f. avec
coins, fil. tr. peigne.

715. Les Réformateurs avant la Réforme, par Em. de Bonnechose.
Paris, Ab. Cherbuliez, 1845, 2 vol. in-8, bas. r. fil.

Exemplaire aux armes du marquis de MORANTE.

716. Histoire de la Réformation française, par F. Puaux. *Paris, Michel
Lévy fr.* 1859, 3 vol. in-12, br.

717. Recueil des choses mémorables passées et publiées pour le faict
de la Religion et estat de la France. Le tout depuis la publication
de l'édit du XVII de janvier 1560 iusques à l'edit de la pacification
des troubles de ce royaume, 1562. *Strasbourg, Pierre Estiard*, 1565,
in-16, v. f. ant. fil.

718. Histoire des Protestants et des Églises réformées du Poitou, par
Aug. Lièvre. *Paris, Grassart*, 1856-1860, 3 vol. in-8, br.

719. Opuscula quædam satyrica et ludrica tempore Reformationis
scripta. Fasciculus primus. *Francofurti et Lipsiæ*, 1784, in-8 de 90 pp.
bas. verte, fil.

Exemplaire aux armes du marquis de MORANTE.

720. Des Divinités génératrices ou du culte du phallus chez les anciens
et les modernes... par J.-A. D. (Dulaure). *Paris, Dentu*, 1805, in-8,
cart. non rog.

ÉDITION ORIGINALE.

721. Lettre de Thrasibule à Leucippe, écrite par M. Fréret, de l'Académie des inscriptions et belles-lettres, mort en 1749, sur les différentes religions du monde. In-4 de 290 ff. mar. r. dos orné, fil. tr.
dor. (*Rel. anc.*)

MANUSCRIT du xviii° siècle, d'une belle écriture. Il reproduit le livre paru à
Londres, sans date (vers 1768).

Cette *Lettre*, revue, corrigee et refaite en plusieurs endroits par Naigeon, se
trouve dans le *Dictionnaire de la philosophie ancienne et moderne*, faisant partie
de l'*Encyclopédie méthodique*, article Fréret. Elle a été, en effet, attribuée fré-
quemment et avec persistance à Nic. Fréret. Foncemagne prétend que de tous les
ouvrages qu'on lui a attribués, c'est le seul dont il soit véritablement l'auteur.
Cependant Voltaire n'y reconnaît pas le style de Fréret (lettre à Damilaville,
24 nov. 1765).

Elle pourrait être attribuée, avec plus de vraisemblance (Walkenaër, *Examen
critique des ouvrages composés par Fréret*), à d'Holbach, Naigeon et Lagrange,
auteurs de plusieurs supercheries semblables.

722. Histoire des Juifs, par M. Prideaux, traduite de l'anglais. *A Amsterdam, chez Henri Du Sauzet*, 1728, 6 vol. in-12, frontispices, demirel. v. non rog.

723. Sacræ antiquitatis monumenta historica, dogmatica, diplomatica. Tomus I... notis illustrata a R. P. ac Domino L. Hugo. *Stivagii*, 1725, 2 parties en 1 vol. pet. in-fol. mar. br. dent. tr. dor. (*Rel. anc. fatiguée.*)

> ÉDITION ORIGINALE fort rare de ce recueil intéressant qui contient un grand nombre de pièces anciennes, jusqu'alors inédites. Brunet ne parle pas de la seconde partie de ce vol. imprimée en 1725; il ne cite que celle imprimée en 1731, à Saint-Dié.
> Le tome premier qui contient 6 travaux divisés en deux parties, a seul été imprimé.

724. Histoire d'Hérodote, traduite du grec avec des remarques historiques et critiques, par M. La rché. *A Paris, chez Musier et Nyon*, 1786, 7 vol. in-8, v. ant. éc. dent. tr. marb.

> PREMIÈRE ÉDITION de cette traduction estimée.

725. Diodorus Siculus. *Paris, Jehan Barbier, s. d.* in-8, goth. de 123 ff. chiff. et 6 ff. de table, cart.

> Traduction latine des six premiers livres de Diodore, par Pogge, Florentin, l'auteur des *Contes facétieux* et l'ami de l'Arétin.
> Quelques taches.

726. Dictys Cretensis et Dares Phrigius De Bello trojano, in usum Delphini, cum interpretatione Annæ Daceriæ. Accedunt in hac nova editione Notæ variorum integræ. Nec non Jos. Iscanus, cum notis Dreseniis; numismatibus et gemmis, historiam illustrantibus exornavit Lud. Smids; Dissertationem de Dictye Cretensi præfixit Jac. Perizonius. *Amstela'dami*, 1702, in-8, frontispice et planches gravés par Goeree, chag. La Vall. tr. dor.

> Édition Variorum.
> Exemplaire du marquis de MORANTE; cachet sur le titre.

727. Fêtes et courtisanes de la Grèce (par Chaussard). *Paris, F. Buisson*, 1801, 4 vol. in-8, fig. cart. non rog.

728. Appiani Alexandrini Romanarum Historiarum quæ supersunt... (græce). Varietatem lectionum adjecit, latinam versionem emendavit, adnotationibus variorum suisque illustravit Joh. Schweighæuser. *Lipsiæ*, 1785, 3 vol. in-8, front. mar. vert, fil. tr. dor. (*Rel. anc.*)

> Édition recherchée pour son commentaire.

729. Titi Livii historiarum libri. *Amsterdami, Guihelm. Blaeu*, 1633, pet. in-12 à 2 col. titre et 1007 pp. chag. noir, tr. dor.

> Hauteur : 124 mill.

730. Reipublicæ romanæ in exteris provinciis, bello acquisitis, constitutæ, commentariorum libri duodecim... Autore Wolfgango Lazio. *Francofurti ad Mœnum, Andreas Wechelus*, 1598, in-fol. pl. bas. ant. tr. dor.

> Reliure fleurdelisée aux armes de LOUIS XIII. Les fleurs de lis alternent avec des L couronnés.

731. C. Cornelii Taciti Opera. *Parmæ, ex Regio typographeo*, 1797, 2 vol. in-8, br.

732. Histoire des grands chemins de l'empire romain... par Nicolas Bergier. *Bruxelles, Jean Léonard*, 1736, 2 vol. in-4, portr. et 5 pl. gr. v. ant. marb.

 Incomplet de planches.

733. Notitia utraque, cum Orientis tum Occidentis ultra Arcadii Honoriique Cæsarum tempora. *Basileæ, Froben*, 1552, in-fol. fig. en bois, demi-rel. bas.

 Première édition donnée par les soins de S. Gelenius.

II. HISTOIRE DE FRANCE

1. HISTOIRE GÉNÉRALE ET PARTICULIÈRE

734. Richer. Histoire de son temps. Traduction française, notice et commentaire, par J. Guadet. *Paris, J. Renouard*, 1845, 2 vol. in-8, demi-rel. v.

735. Johannis Trithemii Spanheimensis primo, deinde D. Jacobi maioris apud Herbipolin abbatis, primæ partis opera historica, quotquot hactenus reperiri potuerunt, omnia. — Eorumdem secundæ partis chronica insignia duo. — *Francofurti, apud Cl. Marnium*, 1601, 2 parties en 1 vol. in-fol. v. br. ant.

736. Hadriani Valesii historiographi regii notitia Galliarum ordine litterarum digesta. *Parisiis, Léonard*, 1675, in-fol. à 2 col. demi-rel. v. br.

 Ouvrage estimé, qui se trouve difficilement.
 Mouillures.

737. Géographie ancienne historique et comparée des Gaules, accompagnée d'un atlas de neuf cartes par M. le baron Walckenaer. *Paris, P. Dufart*, 1839, 3 vol. in-8 et atlas in-4, br.

738. Notice de l'ancienne Gaule, tirée des monuments romains par M. d'Anville. *Paris, Durand*, 1760, in-4, carte, v. ant.

739. Géographie de la Gaule d'après la table de Peutinger, par Ern. Desjardins. *Paris, Hachette*, 1869, in-8, cartes, br.

740. Géographie de la Gaule au vi^e siècle, par Aug. Longnon. Ouvrage contenant 11 cartes en couleur et 3 fig. dans le texte. *Paris, Hachette*, 1878, in-8, cartes et fig. br.

741. Études sur la géographie historique de la Gaule et spécialement sur les divisions territoriales du Limousin au moyen âge, par M. Maximin Deloche. *Paris, Impr. imp.* 1861, in-4, carte pliée, br.

742. Description historique et géographique de la France ancienne et moderne, par M. l'abbé de Longuerue. *Paris, Pralard*, 1719, 2 parties en 1 vol. in-fol. cartes et vig. v. ant. marb.

743. La Guide des chemins de France revcue et augmentée, les fleuves du royaume de France, aussi augmentez (par Ch. Estienne). *Paris, Fr. Regnault*, 1554, in-16, demi-rel. v. f.

Petit ouvrage rare donnant de curieux détails sur les routes au xvıe siècle.

744. Descriptio fluminum Galliæ, qua Francia est. Papirii Massoni opera nunc primum in lucem edita. *Parisiis, Jacobus Quesnel*, 1518, in-8, v. br. ant.

745. Les Rivières de France, ou Description géographique et historique du cours et débordement des fleuves, etc., avec un dénombrement des villes, ponts, passages, batailles qui ont esté donnez sur leurs rivages, et autres curiositez remarquables dans chaque province, par le sieur Coulon. *Paris, Gervais Clousier*, 1644, 2 vol. in-8, v. ant. marb.

746. Les Antiquitez et recherches des villes, chasteaux, et places plus remarquables de toute la France. Divisées en huict livres, selon l'ordre et ressort des huict Parlements. Seconde édition (par André Duchesne). *Paris, Jean Petit-Pas*, 1614, in-8, vél.

Court de marges, taches et mouillures.

747. Dictionnaire des communes de France, par A. Girault de Saint-Fargeau. *Paris, Didot*, 1844-46, 3 vol. in-4 à 2 col. fig. demi-rel. v. br.

748. Atlas national illustré des 86 départements et des possessions de la France, par V. Levasseur. *Paris, Combette, s. d.* in-4, cartes gravées et en couleur, montées sur onglets, demi-rel. chag. r.

749. La France. Nouvel atlas illustré des départements et des colonies, par A. Vuillemin. *Paris, J. Migeon*, 1878, in-4, 105 cartes gravées et en couleur, demi-rel. chag. noir, plats toile.

750. Summa historiæ gallo-franciæ civilis et sacræ edita a Johanne Michaele Lorenz. *Argentorati, Treuttel*, 1790-93, 4 vol. in-8, v. rac.

751. Amédée Thierry : Histoire des Gaulois depuis les temps les plus reculés jusqu'à l'entière soumission de la Gaule à la domination romaine. Troisième édition. *Paris, Jules Labitte*, 1844, 3 vol. — Histoire de la Gaule sous l'administration romaine. *Paris, Perrotin*, 1847. 3 vol. — Ens. 6 vol. in-8, demi-rel. bas. r.

752. Histoire des Français des divers états, par A. Monteil. *Paris, V. Lecou*, 1853, 5 vol. in-12, br.

753. Précis d'une histoire générale de la vie privée des François dans tous les temps et dans toutes les provinces de la monarchie (par Constant d'Orville). *Paris, Moutard*, 1779, in-8, demi-rel. bas. —

Histoire de la vie privée des Français depuis l'origine de la nation jusqu'à nos jours, par M. Legrand d'Aussy. *Paris, Onfray*, 1782, 3 vol. in-8, cart. — Ens. 4 vol.

754. Dictionnaire historique des institutions, mœurs et coutumes de la France, par A. Chéruel. *Paris, Hachette*, 1855, 2 vol. in-12, fig. demi-rel. chag. vert.

755. Histoire de France, par M. C. Dareste. *Paris, E. Plon*, 1876-1879, 9 vol. in-8, br.

756. Histoire de France, jusqu'au XVI° siècle, par J. Michelet. *Paris, Hachette*, 1852, 6 vol. in-8, cart. — La Régence (par le même). *Paris, Chamerot*, 1863, in-8, br. — Ens. 7 vol.

757. RECUEIL DES HISTORIENS DES GAULES et de la France par Dom Martin Bouquet. Nouvelle édition publiée sous la direction de M. Léopold Delisle. *Paris, Victor Palmé*, 1869-1880, 19 vol. in-fol. cart. (Tomes I à XIX.)

758. Les Grandes Chroniques de France, selon que elles sont conservées en l'Église de Saint-Denis en France. Publiées par M. Paulin Paris. *Paris, Techener*, 1836-1838, 6 vol. pet. in-8, br.

759. Collection des Mémoires relatifs à l'histoire de France. Traduits et accompagnés de notes et de suppléments par M. Guizot. *Paris, Brière et Didier*, 1823-1826, 30 vol. in-8, dont 1 d'introduction, br.

760. Archives curieuses de l'histoire de France, par M. L. Cimber et F. Danjou. *Paris*, 1834-39, 20 vol. in-8, br.

Manquent les volumes suivants : première série, tomes VI, VIII, XIII et XV; seconde série, tomes VIII, XI et XII.

761. Documents historiques inédits tirés des collections manuscrites de la Biblothèque Nationale et des archives ou des bibliothèques des départements, publiés par M. Champollion-Figeac. *Paris, Firmin Didot*, 1841-1848, 4 vol. in-4, cart. non rog.

762. Collection générale des documents français qui se trouvent en Angleterre, recueillis et publiés par J. Delpit. *Paris, J.-B. Dumoulin*, 1847, in-4, demi-rel. chag. r.

Tome Ier seul paru.

763. Collection générale des documents français qui se trouvent en Angleterre, recueillis et publiés par Jules Delpit. Tome I. *Paris, Dumoulin*, 1847. — Notice d'un manuscrit de la bibliothèque de Wolfenbüttel intitulé Recognitiones feodorum, et où se trouvent des renseignements sur l'état des villes, des personnes et des propriétés en Guyenne et en Gascogne, au XIII° siècle, par MM. Martial et J. Delpit. *Paris, Impr. Roy.* 1841. — Ens. 2 ouvrages en 1 vol. in-4, demi-rel. chag. bleu.

764. Les Annales de Saint-Bertin et de Saint-Vaast, suivies de fragments
d'une chronique inédite, publiées pour la Société de l'histoire de
France par l'abbé C. Dehaisnes. *Paris, V*^{ve} *J. Renouard*, 1871, in-8, br.

765. Chronique latine de Guillaume de Nangis. Nouvelle édition annotée et publiée pour la Société de l'histoire de France par H. Géraud.
Paris, J. Renouard, 1843, 2 vol. in-8, demi-rel. chag. r. tête dor.
non rog.

766. Chroniques de Saint-Martial de Limoges, publiées pour la Société
de l'histoire de France par M. Luplès-Agier, *Paris, V*^{ve} *J. Renouard*,
1874, in-8, br.

767. Pièces historiques sur l'histoire de France. 19 pièces in-12 et
in-4, rel. et cart.

Allégresse de la France pour l'heureuse victoire obtenue entre Coignac et
Chasteauneuf, le 13 de mars 1569, contre les rebelles calvinistes. *Paris*, 1569,
8 ff. — Johannis Buchæri Parisini, academiæ rectoris, ac socii Sorbonici oratio,
Pro jure pergameni. *Parisiis*, 1581, 14 ff. — Arrest de la cour contre les défenses
faictes à Chaalons sur la publication des bulles de notre Sainct-Père. *Paris*, 1591.
14 pp. — Lettre d'un gentilhomme à un conseiller de Paris, sur la mort et
punition divine du capitaine de Saint-Paul. *Paris*, 1594, 13 pp. — Declaration du roy
sur l'edict des jaugeurs de vaisseaux de vin, bières, cidres et autres liqueurs. *Rheims*,
1602, 4 ff. — Anatomie des trois ordres de la France sur le sujet des États, 1623.
64 pp. — Advis salutaire, donné au cardinal de Sourdis, 1615, 14 pp. — La Phré-
nésie des rebelles et mal-contents, 1625, 19 pp. — Lettre escrite au roy par
monsieur le Mareschal d'Ancre, 1617, 6 pp. — Le Roy en Bearn. *Bordeaux*, 1620,
24 pp. — Apparition merveilleuse de trois phantosmes dans la forêt de Mon-
targis à un bourgeois de la mesme ville. *Paris*, 1649, 11 pp. — Harangue à
MM. les Eschevins et Bourgeois de Paris, par le sieur Drazor. *Paris*, 1649,
8 pp. etc.

768. Mélanges sur l'histoire de France. 7 vol.

Histoire de France, par les écrivains contemporains, publiée par P. Paris et
Ed. Mennechet. 2 vol. in-8, demi-rel. v. f. — Description abrégée de la France,
par Boucheseiche, 1790, in-8, demi-rel. bas. — Mémoires et documents nouveaux
relatifs à l'histoire de France à la fin du xvie siècle, par Aug. Poirson. Gr. in-8,
à 2 col. br. — Études sur l'ancienne France, par F. Rocquain. In-12; br. etc.

769. Mélanges sur l'histoire de France. 12 vol.

Histoire de Richer en quatre livres, traduction, notes, etc., par Poinsignon.
1855, in-8, br. — Etudes sur les Pagi de la Gaule, par Aug. Longnon. 1869, in-8,
br. — Essai sur le système des divisions territoriales de la Gaule, par Guérard.
1832, in-8, br. — Histoire des institutions mérovingiennes, par Lehuërou. 1842,
in-8, br. — Etudes critiques sur les sources de l'histoire mérovingienne, par Gab.
Monod. 1872, in-8, br. — L'Ouest aux Croisades, par M. H. de Fourmont. 1864, 2 vol.
in-8, br. — Etienne Marcel, par Perrens. 1860, in-8, br. — Histoire du Gouvernement de la France, pendant le règne de Charles VII, par Dansin. 1858, in-8,
br. etc.

770. Mélanges sur l'histoire de France. 4 vol.

Histoire des États Généraux de France, par Rathery. 1845, in-8, br. — État
de la France en 1789, par P. Boiteau. 1861, in-8, br. — Mémoires secrets de
J.-M. Augeard, secrétaire des commandements de la reine Marie-Antoinette.
1866, in-8, demi-rel. chag. vert. — Mémoires du général Dumouriez, publiés par
Barrière. 1862, in-12, br.

771. Recueil de divers procès célèbres : de Charles de Navarre, de
Jacques de Rue, du duc d'Alençon; assassinat du duc de Guise;
retraite du duc d'Orléans et du duc de Soissons en 1636-37; révolte
des croquants en Guienne. In-fol. v. ant. marb. fil.

> Beau et intéressant manuscrit de la première moitié du xviie siècle, d'une belle
> écriture et très bien conservé. On y trouve diverses lettres du comte de Soissons
> et de la duchesse de Bouillon concernant Sedan et datées de cette ville. On y
> voit aussi une relation de la révolte des *croquans* du Poitou avec une lettre de
> Richelieu y relative; une autre *relation du soublevement des paisans* de Xain-
> tonge. La fin du volume concerne le Périgord. Un grand nombre des pièces de
> ce manuscrit qui provient de la vente Monmerqué n° 2844 sont inédites.
> Cet exemplaire porte sur les plats de la reliure les armes de Duplessis-Gué-
> négaud, secrétaire d'État, commandeur des ordres du Roi.

772. Meslanges historiques et Recueils de divers matières pour la plupart paradoxalles, et neantmoins vrayes.., par Pierre de Sainct-
Julien. *Lyon, Benoist Rigaud*, 1589, in-8, v. ant. marb.

> Recueil de dissertations curieuses relatives à l'histoire de France.
> Mouillures.

773. OEuvres complètes d'Eginhard, traduites en français par A. Teulet
(texte et traduction). *Paris, J. Renouard*, 1840-1843, 2 vol. in-8,
demi-rel. mar. r. tête dor. non rog.

774. Jean sire de Joinville. Histoire de saint Louis, Credo et Lettre à
Louis X. Texte original, accompagné d'une traduction par M. Natalis de Wailly. *Paris, Didot*, 1874, gr. in-8, fac-similés en noir et
chromo, demi-rel. mar. r. avec coins, tête dor. ébarbé. (*Smeers.*)

> Exemplaire en grand papier.

775. Le Premier (IIe, IIIe et IVe) Volume de l'histoire et chronique de
messire Jehan Froissart. Reveu et corrigé sur divers exemplaires,
et suyvant les bons auteurs, par Denis Sauvage. *Lyon, Jean de Tournes*, 1559-1561, 4 tomes en 2 vol. in-fol. bas.

> Belle et rare édition, infiniment supérieure pour la correction du texte à toutes
> celles qui l'ont précédée.
> Cachet sur le titre et quelques mouillures.

776. Histoire de Charles VII, roy de France, par Jean Chartier, Jacques
le Bouvier, Mathieu de Coucy : qui contient les choses les plus mémorables, advenues depuis l'an 1422 jusques en 1461. Mise en
lumière et enrichie... par Denys Godefroy. *Paris, Impr. royale*, 1661,
in-fol. v. f. ant.

777. Histoire de Charles VII, roi de France, et de son époque, par
M. Vallet de Viriville. *Paris, Vve J. Renouard*, 1862-1865, 3 vol.
in-8, br.

778. ❡ Cronique et hi | stoire faicte et composee par feu messire Phi-
lippe | de Commines Chevalier, seigneur Dargenton | contenant
les choses advenues Durant le re | gne du Roy Loys unziesme tant
en Fran | ce Bourgongne Flandres Arthois | Angleterre que Espaigne
et | lieux circonvoisins. Nouvelle | ment reveue et corrigee | Avec

plusieurs notables || mis en marge. *Im* || *prime en mars* || *Lan mil cinq* || *cens trente* || *et neuf.* *On les vend a Paris en la grant salle du palais* || *au premier pillier, par Galliot du pre.* (1539), 280 ff. — Cronicques du || Roy Charles huytiesme de ce nom... par Philippe de Commines. *Paris, Galliot du Pré*, 1539, 133 ff. — Ens. 2 parties en 1 vol. in-8, goth. v. ant. marb.

La première partie est incomplète des ff. 61, 68 et i 1. La seconde a une cassure au f. p 3 et s'arrête au f. r 5.
Taches et mouillures. Annotations et quelques griffonnages en marge.

779. Les Mémoires de messire Philippe de Commines, Sr d'Argenton. Dernière édition. *A Leide, chez les Elzeviers*, 1648, 2 vol. in-12, titre gravé, mar. r. tr. dor. (*Rel. anc.*)

Belle édition.
Court de marges; mouillures.

780. De Rebus gestis Ludovici, eius nominis undecimi, Galliarum regis, et Caroli, Burgundiæ ducis, Philippi Cominæi, viri patricii, et equestris ordinis, Commentarii. Ex gallico facti latini a Joanne Sleidano. *Parisiis, Christianus Wechel*, 1545, in-8, v. br. ant. fil. à fr. (*Rel. de l'époque.*)

Jean Sleidan a fait dans sa traduction quelques additions et d'importantes corrections à l'œuvre originale de Commines.

781. Histoire de Charles VIII, roy de France, par Guillaume de Juligny, André de La Vigne et autres historiens de ce temps... Le tout recueilli par M. Godefroy. *Paris, Impr. roy.* 1684, in-fol. bas.

782. Histoire de François Ier, par le sieur de Varillas; à laquelle est jointe la comparaison de François Ier avec Charles-Quint. *La Haye, Arnout Leers*, 1684. — La Minorité de saint Louis, avec l'histoire de Louis XI et de Henri II, par le sieur Varillas. Seconde édition. *La Haye, Adr. Moetjens*, 1687. — Ens. 3 vol. in-12, mar. vert, dos orné, fil. (*Padeloup.*)

783. Histoire de François Ier. *S. l. n. d.* in-4, bas.

MANUSCRIT du XVIIe siècle sur papier, composé de 503 pp. contenant en quatre parties l'histoire de François Ier. Il est écrit de différentes mains.

784. Histoire de nostre temps, faicte en latin par M. Guillaume Paradin, et par luy mesme en françois. Depuis par ledict auteur reveue et augmentée outre les précédentes impressions. *Paris, Jean Ruelle*, 1557, pet. in-16, mar. r. fil. tr. dor. (*Rel. anc. très fatiguée.*)

Cachet sur le titre. Mouillures et taches.

785. Histoire de notre temps, faite en latin par M. Guillaume Paradin, et par lui mise en français. Depuis par lui reveue et augmentée outre les précédentes impressions. *Paris, Pierre Gaultier*, 1559, in-16, cart.

Mouillures.

786. Histoire de nostre temps, faicte en latin par maistre Guillaume
Paradin et par luy mise en françois : depuis par luy mesme reveue
et augmentée. *Paris, Jean Ruelle,* 1568, pet. in-16, v. f. fil.

> Cette édition renferme l'histoire continuée jusqu'en 1567.
> Exemplaire aux armes de LORD ROTHESAY. Mouillures.

787. Mémoires de la Ligue (par Simon Goulart). A *Amsterdam,* 1757,
6 vol. in-4, v. ant. marb.

788. Histoire de la Réforme, de la Ligue et du règne de Henri IV, par
M. Capefigue. *Paris, Dufey,* 1834-35, 8 vol. in-8, demi-rel. v. br.

789. Discours de la légation de Monsieur le duc de Nevers, envoyé par
le tres chrestien roy de France et de Navarre Henry IIII, vers le pape
Clément VIII. *Lyon, Jullieron et Ancelin,* 1594, in-8 de 82 ff. bas.

> Légère tache d'encre à la marge supérieure.

790. Histoire de Henry de La Tour d'Auvergne duc de Bouillon, par
Marsollier. *Paris, Fr. Barrois,* 1719, 3 vol. in-12, v. f. ant.

791. Mémoires d'Estat, par Monsieur de Villeroy, conseiller d'Estat et
secrétaire des commandements des Roys Charles IX, Henry III,
Henry IV et de Louis XIII. *A Sedan, jouxte la coppie imprimée à Paris
par Jean Houzé,* 1622-1625, 3 vol. in-8, v. f. ant.

792. Histoire de France sous Louis XIII et sous le ministère du cardinal Mazarin, 1610-1661, par M. A. Bazin. Deuxième édition revue
par l'auteur. *Paris, Chamerot,* 1846, 4 vol. in-12, br.

793. Mémoires pour l'histoire du cardinal duc de Richelieu, recueillis
par le sieur Aubery. *Cologne, P. Marteau (Hollande, à la Sphère),*
1667, 5 vol. pet. in-12, demi-rel. chag. r.

794. Le Maréchal de Fabert, étude historique par J. Bourelly. *Paris,
Didier,* 1880, 2 vol. in-8, portr. br.

795. Mémoires de Condé, ou recueil pour servir à l'histoire de France,
où l'on trouvera des preuves de l'histoire de M. de Thou, augmentés
d'un grand nombre de pièces curieuses qui n'ont jamais été imprimées... (par D.-F. Secousse). A *La Haye,* 1743, 6 vol. in-4, portraits,
v. ant. marb.

> Exemplaire en GRAND PAPIER.

796. Mémoires du duc de Rohan, sur les choses qui se sont passées
en France depuis la mort de Henri le Grand jusqu'à la paix faite avec
les réformés, au mois de Juin 1629, augmentés de divers discours
politiques du même auteur, etc. *Amsterdam,* 1756, 2 tomes en 4 vol.
in-12, v. ant. marb. fil.

> Reliure aux armes de BETHISY accolées de LORRAINE.

797. Pauli Thomæ Engolismensis Rupellaidos, sive de rebus gestis Ludovici XIII, Franc. et Navarr. regis invictissimi libri VI. *Parisiis, apud Car. Morellum*, 1630. — Nonæ septembres, sive Genethliacon Delphini (de Jean Sirmond). *Parisiis, Cramoisy*, 1638. — Ad eminentissimum cardinalem ducem Richelœum, ode (de Gabr. Madelenet). *Parisiis, Camusat*, 1638. — Ad illustrissimum virum Claudium Bullionem sacri ærarii præfectum, ode (de Madelenet). *Parisiis, Camusat*, 1639. — Nicolai Heinsii Elegiarum liber. Accedunt varia poemata eodem auctore. *Parisiis, Camusat*, 1646. — Ens. 5 pièces en 1 vol. in-4, car. ital. demi-rel. bas.

Quelques-unes de ces pièces sont tachées ou mouillées.

798. Beniamini Prioli ab excessu Ludovici XIII de rebus Gallicis historiarum libri XII. *Carolopoli, Gédéon Poncelet*, 1665, in-4, bas. ant.

799. Les Avantures du baron de Fœneste, par Théodore Agrippa d'Aubigné. Édition nouvelle augmentée de plusieurs remarques historiques par M. *** (Le Duchat). *Cologne, chez les héritiers de P. Marteau*, 1729, 2 vol. pet. in-8, front. gr. v. ant. marb.

Édition estimée.

800. Mélanges historiques sur la monarchie de Louis XIV. 5 ouvrages en 1 vol. in-8, demi-rel. v. f. chiffre sur le dos.

La Monarchie au xviie siècle : Thèse pour le doctorat, par Henri Martin. *Paris,* *Plon*, 1848. (Envoi de l'auteur.) - Catéchisme royal (par P. Fortin, sieur de la Hoguette). *Paris*, 1645. — Auszfürliche Relation was Ihr Kon: Majst: der Königin von Pohlen auff der Reise von Pariss biss in die Stadt Hamburg begegnet und mit was Magnificentz dieselbe an allen Örthen sey empfangen worden. *Anno* 1646. 1 ff. — De l'administration de Louis XIV (1661-1672), d'après les mémoires inédits d'Olivier d'Ormesson, par A. Chéruel. *Paris, Joubert*, 1850. (Envoi de l'auteur.) — Le Gouvernement de Louis XIV... de 1683 à 1689... par M. P. Clément. *Paris, Guillaumin*, 1848.

801. Histoire véritable d'une colombe qui a paru miraculeusement en un lieu appellé l'Ormaye de Bordeaux, proche la ville, le 15 avril 1652, sur les 7 heures du matin, en présence de tous les bourgeois qui estoient là assemblez pour prévoir à leur conservation dans ces troubles. *Paris, Jacob Chevallier*, 1652, in-4 de 8 ff. cart.

Pièce de toute rareté ; elle est signée G. Bourdelois, aumosnier de l'Ormaie. C'est un de ces récits au moyen desquels les adversaires de Mazarin cherchaient à exciter le peuple contre ce ministre. En voici la dernière phrase : *Faisons que la fatale cheute de ce Colosse paistri de boüe et du sang du peuple se doive à nostre valeur assistée de la vaillance de Monsieur le Prince, et surtout de la grâce divine, laquelle nous venons de recevoir de si bons et heureux auspices par la colombe de l'Ormaie.*

802. Relation des Campagnes de Rocroi et de Fribourg, par Henri de Besse. *Paris, Delangle*, 1826, in-16, v. r. comp. à fr.

De la collection des *Petits classiques françois* de Nodier.

803. Histoire du vicomte de Turenne, maréchal général des armées du Roy (par André-Mich. Ramsay). *Paris, Vve Mazières*, 1735, 2 vol. in-4, v. ant. marb.

804. Histoire du vicomte de Turenne, par l'abbé Raguenet. *Paris, Hochereau*, 1759, 2 tomes en 1 vol. in-12, fig. mar. La Vall. fil. tr. dor.

> Ouvrage estimé et souvent réimprimé.
> L'auteur le composa par l'ordre et sous les yeux du cardinal de Bouillon, qui lui avait appris plusieurs particularités intéressantes.

805. Traitez touchant les droits du Roy tres chrestien sur plusieurs estats et seigneuries possédées par divers princes voisins et pour prouver qu'il tient à iuste titre plusieurs provinces contestées par les princes étrangers...... par Monsieur Dupuy. *Paris, Aug. Courbé*, 1655, in-fol. v. ant. gr.

> Exemplaire en GRAND PAPIER portant sur le dos de la reliure les armes de L.-ALEX. DE BOURBON COMTE DE TOULOUSE, grand amiral de France.

806. Mélanges historiques sur le règne de Louis XIV. 4 vol.

> Histoire de la vie et de l'administration de Colbert, par P. Clément. 1836, in-8. demi-rel. chag. r. — Eclaircissemens historiques sur les causes de la Révocation de l'édit de Nantes. 1788, in-8, bas. — Les acquisitions de la France par la paix, avec les cartes géographiques des lieux mentionnés par P. Duval. 1679, in-12, cartes, bas. — Discours de la Gloire et de la France, par P. Gariel. *Montpellier*, 1873, in-8 br. (réimpression de l'édition de Lyon, 1643).

807. Les Historiettes de Tallemant des Réaux. Mémoires pour servir à à l'histoire du XVIIe siècle. Seconde édition, par M. Monmerqué. *Paris, Delloye*, 1840, 10 tomes en 5 vol. in-12, portr. demi-rel. chag. r. tête dor. non rog.

808. Mémoires de Madame la duchesse de Mazarin. *Cologne, Pierre du Marteau, s. d.* in-12, v. f. ant.

> Ces mémoires ont été attribués soit à Me du Ruth, soit à Saint-Evremond ou à l'abbé de St-Réal. Barbier les donne comme étant bien d'Hortense Mancini elle-même. Quoi qu'il en soit, il est certain que la lettre qui termine le volume n'est pas de l'auteur des Mémoires.

809. Mémoires du duc de Saint-Simon. *Paris, L. Hachette*, 1856-1858, 13 vol. in-12, cart. perc. verte, non rog.

810. Journal de la Régence (1715-1723), par Jean Buvat, publié et précédé d'une introduction par Em. Campardon. *Paris, H. Plon*, 1865, 2 vol. in-8, br.

811. Mémoires de Michel de Marolles, abbé de Villeloin. Avec des notes historiques et critiques. *Amsterdam*, 1755, 3 vol. in-12, v. ant. marb.

812. Pièces en vers et en prose, relatives aux ministres, chanceliers et personnes marquantes de la fin du règne de Louis XV. In-8, mar. r. dos orné, comp. dor. gardes en papier dor. tr. dor. (*Rel. anc.*)

> MANUSCRIT du XVIIIe siècle, de 335 pp. contenant des pièces satiriques très curieuses sur les hommes politiques du règne de Louis XV. Nous citerons entre autres : *Les Riens*, 1768; *Catalogue des livres nouveaux qui se vendent chez Satoin, libraire rue des Mauvaises Paroles, à l'enseigne du Diable incarné; Notes secrètes sur quelques officiers du parlement, par M. de Maupeou, chancelier, en mars*

1770 ; *les Chanceliers*, 1771, ode ; *le Despotisme* 1772, *ou l'ode aux IFS*, avec notes ; *Médailles pour l'année* 1772 ; chansons, etc.. etc.
Exemplaire aux armes de DUFORT accolées de LE GENDRE SAINT-AUBIN, avec des notes de l'ancien possesseur. Remboîtage.

813. État militaire de France, par MM. de Roussel et de Montandre. *Paris, Guillyn*, 1775-1779, 3 vol. in-12, v. ant. marb.

> Années 1775, 1778, 1779.

814. L'Histoire du sieur abbé-comte de Bucquoy, singulièrement son évasion du Fort-l'Évêque et de la Bastille, par Madame Du Noyer, avec préliminaire et appendice biographiques et bibliographiques. *Paris, Pincebourde*, 1866, in-16, papier vergé, frontispice à l'eau-forte par Ulm, demi-rel. mar. r. tête dor. ébarbé.

> Réimpression d'une relation curieuse.
> De la *Bibliothèque originale*.

815. Almanach National de France. *Paris, Testu, l'an II de la République*, 1793, in-8, carte, mar. r. dos orné, fil. tr. dor. (*Rel. anc.*)

> Fortes piqûres de vers aux derniers feuillets.

816. Mémoires sur la reine Hortense et la famille impériale, par mademoiselle Cochelet. *Paris, Ladvocat*, 1836, 4 vol. in-8, portr. demi-rel. chag. br.

817. Mémoires du duc de Rovigo pour servir à l'histoire de l'Empereur Napoléon. *Paris, A. Bossange*, 1828, 8 vol. in-8, cart.

818. Papiers et correspondance de la famille impériale. *Paris, Impr. nat.* 1870, 2 vol. in-8, demi-rel. mar. brun, tr. peigne.

> Les 25 livraisons publiées par la commission instituée par ordre du gouvernement. On y a joint : Papiers sauvés des Tuileries par Robert Halt. 1871, in-8, br. — L'Allemagne aux Tuileries, par H. Bordier. Paris, 1872, in-8, br.

819. Touchatout. Histoire tintamarresque de Napoléon III, illustrée de nombreux dessins noirs et coloriés : Les Années de chance. *Paris*, 1874, in-8, fig. demi-rel. chag. r. dos orné, tête dor. ébarbé.

> Tome I : Les Années de chance.

820. Guerre franco-allemande de 1870-1871. Réunion de 20 vol. ou br.

> Un Ministère de vingt-quatre jours, par le comte de Palikao. *Paris, Plon*, 1871, in-8, br. — L'Armée de Mac-Mahon et la bataille de Beaumont, par Defourny, in-12, br. — De Freschwiller à Sedan. *Tours*, 1870, in-12, br. — La Campagne de l'Est, par Poullet. *Paris*, 1879, in-8, br. — Recueil des dépêches militaires allemandes, 1871 ; etc.

---

821. Le Cérémonial français, recueilly par Théodore Godefroy. *Paris, Séb. Cramoisy*, 1649, 2 vol. in-fol. v. br. ant.

> Bon ouvrage, recherché.
> Cachets sur les titres.

B   4

822. Histoire du sacre et du couronnement des rois et reines de France, par Alex. Le Noble. *Paris*, 1825, in-8, fig. demi-rel. v. — Précis historique du sacre de S. M. Charles X. *Reims*, 1826, in-4, demi-rel. v. br. — Ens. 2 vol.

823. Cérémonies et prières du sacre des rois de France, accompagnées de recherches historiques (par Menin, publié par Motteley). *Paris, Firmin Didot*, 1825, in-12 de VIII et 108 pp. demi-rel. mar. bleu, dos orné, tête dor. ébarbé.

Exemplaire en PAPIER VÉLIN.

824. Apologie pour le pèlerinage de nos roys à Corbeny au tombeau de Saint-Marcoul, abbé de Nanteuil, contre la nouvelle opinion de monsieur Faroul.,... par dom Oudard Bourgeois. *Reims, Fr. Bernard*, 1638, in-4, v. f. ant.

Mouillures.

825. Loi salique, ou recueil contenant les anciennes rédactions de cette loi et le texte connu sous le nom de *Lex emendata*, avec des notes et des dissertations par J.-M. Pardessus. *Paris, Impr. royale*, 1843, in-4, br.

826. L. Douët-d'Arcq. Comptes de l'argenterie des rois de France au XIVᵉ siècle. — Nouveau recueil des comptes de l'argenterie des rois de France. *Paris, Renouard*, 1851-1874, 2 vol. in-8, demi-rel. v. et chag.

Publications de la *Société de l'Histoire de France*.

827. Relations politiques de la France et de l'Espagne avec l'Écosse au XVIᵉ siècle, publiées par Alex. Teulet. *Paris, Vᵛᵉ J. Renouard*, 1862, 3 vol. in-8, br.

828. Négociations de M. Deshameaux à Venise en 1644, ou recueil des lettres de M. Deshameaux, de Loménie-Brienne, des cardinaux Mazarin et Bichi, et de la reine mère, concernant lesdites négociations. *S. l. n. d.* in-fol. demi-rel. mar. bleu avec coins.

MANUSCRIT d'une belle écriture du XVIIᵉ siècle comprenant 200 ff.
Recueil fort curieux.

829. Correspondance diplomatique de Bertrand de Salignac de La Mothe-Fénelon, ambassadeur de France en Angleterre. *Paris, Techener*, 1838-1840, 7 vol. in-8, br.

830. Eug. de Rozière. Recueil général des formules usitées dans l'empire des Francs du Vᵉ au Xᵉ siècle. 3 vol. — Dissertations sur l'histoire et le droit ecclésiastiques. Liber diurnus. Formules de la chancellerie pontificale. 2 vol. — *Paris, Durand*, 1869-1871. Ens. 5 vol. in-8, br.

831. Regalium Franciæ iura omnia et dignitates amplissimas christianissimorum Galliæ regum succinctissime doctissimeque complec-

tentium, libri duo; Carolo de Grassalio authore. *Lugduni, Joannes Crispinus*, 1538, in-8, fig. v. br. ant.

Ouvrage rare orné de curieuses gravures en bois.
Mouillures.

832. Dictionnaire des titres originaux pour les fiefs, le domaine du roi, l'histoire, la généalogie... ou Inventaire général du cabinet du chevalier Blondeau de Charnage. *Paris, Michel Lambert.* 1764, in-12, v. ant. marb.

833. Discours des droits appartenans à la maison de Nevers, es duchez de Brabant, Lembourg et ville d'Anvers. Avec une table de la généalogie de ladicte maison pour la déclaration d'iceux, par L. H. M. D. R. A *Paris*, 1581, in-4 de 79 pp. table généalogique, vélin.

Bel exemplaire sur papier fort.

834. Liste par ordre alphabétique des émigrés du département de Paris. *Paris, Ballard, an II* (1794), in-4, br.

835. Dictionnaire historique et biographique des généraux français, depuis le xie siècle jusqu'en 1828, par M. le chevalier de Courcelles. *Paris, Arth. Bertrand*, 1820-23, 8 vol. in-8, br.

836. Recherches historiques sur les corporations des archers, des arbalétriers et des arquebusiers, par Victor Fouque. *Chalon-sur-Saône et Paris*, 1852, in-8, demi-rel. v. f.

837. La France métallique contenant les actions célèbres tant publiques que privées des rois et des reines remarquées en leurs médailles d'or, d'argent et de bronze, tirées des plus curieux cabinets... par Jacques de Bie. *Paris, Jean Camusat*, 1636, in-fol. suivi de 1 front. et 131 pl. de médailles, vél. non rog.

838. Ordonnance du Roy et de sa court des Monnoyes, contenant les pris et poix, tant des monnoyes de France qu'estrangières, d'or, d'argent, ausquelles ledict seigneur a donné cours en son royaulme, pays, terres et seigneuries de son obéissance. Avec le descry des monnoyes de billon estrangères au dessoubz de trois solz pièce. *Paris, Jehan Dallier*, 1555, in-12, fig. de monnaies, cart.

839. Recueil des vieilles espèces de monnoye qui ont eu cours, ou qui ont été déduites en contracts dans cette province de Roussillon et observations sur les mêmes monnayes. Avec la liquidation de la valeur de chacune des monnayes. *S. l.* 1751, in-fol. cart.

Manuscrit sur papier composé de 30 ff. Il est signé J. Boscu, et est curieux à consulter pour l'évaluation des anciennes monnaies espagnoles.

2. HISTOIRE DES ANCIENNES PROVINCES ET VILLES DE FRANCE

A. *Divers.*

840. Société de l'histoire de Paris et de l'Ile-de-France. *Paris*, *H. Champion*, 1875-1884, 18 vol. in-8, br. et 2 br. — Bulletin de la Société, 1874 à 1887, 65 fascicules in-8 (lacunes).

Mémoires de la Société. Tomes I à III et V à X ; plus les tomes II et V à VII en double. Ens. 13 vol. — Paris pendant la domination anglaise, 1 vol. — Notice sur un plan de Paris du xvi⁰ siècle. 1 vol. — Les comédiens du roi de la troupe française. 1 vol. — Journal d'un bourgeois de Paris. 1 vol. (en double). — Journal des guerres civiles de Dubuisson Aubenay. Tome I. 1 vol. — Documents parisiens sur l'iconographie de saint Louis. 1 vol.

841. Remarques historiques et critiques sur les trente-trois paroisses de Paris, d'après la nouvelle circonscription décrétée par l'Assemblée nationale, le 4 février 1791 (par Fr. Jacquemart, libraire). *Paris, Blanchon*, 1791, in-8 de 106 pp. demi-rel. chag. brun.

842. Archives historiques et ecclésiastiques de la Picardie et de l'Artois, publiées par P. Roger. *Amiens*, 1842, 2 vol. in-8, fig. demi-rel. bas.

843. Picardie. Ouvrages historiques. 5 vol. in-8, br. et 1 vol. in-8, en demi-rel.

Histoire de Braine et de ses environs, par Stanislas Prioux. 1846. — Essai historique sur Rozoy-sur-Serre et les environs, par G.-A. Martin. 1863, tome Ier. — Histoire de l'abbaye de Saint-Vincent de Laon, par Dom Robert Wyard. 1858. — Essai historique sur la ville de Ribemont et son canton, par Ch. Gomart. 1869. — Histoire de la ville de Guise et de ses environs, par l'abbé Pecheur. *Vervins*, 1851, 2 tomes en 1 vol. in-8, demi-rel. bas. — Histoire de la ville de Coucy, par E. de l'Epinois. 1859.

844. Picardie. Mélanges archéologiques et historiques. Réunion de 17 vol. et br.

Cocheris. Documents manuscrits relatifs à l'histoire de la Picardie. 1854-58. 2 vol. — A. Dubois. La Ligue. Documents relatifs à la Picardie. — Les horribles cruautés faites dans les provinces par les gens d'Erbach et autres. *Paris*, 1649, in-4 de 11 pp. dérel. — La confrérie de Saint-Sébastien à Amiens, par Robert Guerlin. 1884. — Congrès archéologique. XLIV⁰ session à Senlis. 1877. — Topographie archéologique. Canton de Ribécourt. 1874. — Marville. Essai de recherches sur la frontière des Rèmes. — Raynaud. Etudes sur le dialecte picard dans les chartes des xiii⁰ et xiv⁰ siècles. 1876. — Fragment d'une anthologie picarde (xiii⁰ siècle). — Barthélemy. Le comte et les comtés de Soissons. 1877. — Recherches bibliographiques sur le département de l'Aisne, par C. Périn. 1865. — Claude de La Fons. Coutumes de Vermandois. 1688, etc.

845. Artois. Ouvrages historiques, 5 vol.

Notice de l'État ancien et moderne de la province et comté d'Artois, par M··· (Buttel). 1748. in-12. — Les rues d'Arras. Dictionnaire historique, par Achmet d'Hericourt et Alex. Godin. 1856, 2 tomes en 1 vol. in-8, demi-rel. bas. — Cartulaire de l'abbaye de Saint-Vaast d'Arras, rédigé au xii⁰ siècle par Guimann, publié par le chanoine Van Drival. 1875, in-8, br. — Recherches historiques sur le chapitre et l'Eglise collégiale de Saint-Pierre d'Aire sur la Lis, par J. Rouyer. 1860, in-8. br. — Bibliographie Cambresienne, par Arthur Dinaux. 1822, in-8, br.

846. Dictionnaire historique, généalogique et géographique du département de l'Aisne, publié par Melleville. *Laon et Paris, Dumoulin*, 1857, 2 vol. in-8, pl. de blasons, br.

847. Histoire de la ville et des seigneurs de Coucy, par dom Toussaints du Plessis. *Paris, Fr. Babuty*, 1728, in-4, pl. gr. demi-rel. bas.

848. Histoire de la ville de Laon, et de ses institutions, par M. Melleville. *Laon et Paris*, 1846, 2 vol. in-8, fig. demi-rel. chag. viol.

849. Ch. Gomart. Histoire de l'église de Saint-Quentin. Extraits d'un manuscrit de Quentin de La Fons, 1 vol. — Histoire de la ville de Saint-Quentin. Extraits d'un manuscrit de Quentin La Fons, 2 vol. — *Saint-Quentin* 1854-56. — Ens. 3 vol. in-8, cartes, plans et fac-similés, demi-rel. chag. br.

850. Mémoire sur la valeur des principales denrées et marchandises qui se vendaient ou se consommaient en la ville d'Orléans au cours des xive, xve, xvie, xviie et xviiie siècles, par P. Mantellier. *Orléans*, 1862, in-8, br.

851. La Touraine ancienne et moderne, par Stanislas Bellanger (de Tours), avec une préface de M. l'abbé Orsini. *Paris, Mercier*, 1845, in-8, fig. noires et en couleur, blasons en couleur, demi-rel. v. viol.

Mouillures et quelques cassures.

852. Anjou. Ouvrages historiques, 10 vol. in-8 et in-12.

Inventaire analytique des archives anciennes de la mairie d'Angers, par Cel. Port. 1861, in-8, br. — Recherches sur les cartulaires d'Anjou (sans titre). In-8, demi-rel. v. r. — Procès de la conspiration de Thouars et Saumur. 1822, in-8. demi-rel. bas. — Notices et pièces historiques sur l'Anjou, publiées par P. Marchegay. 1872, in-8, br. — Les Prieurés de Marmoutier en Anjou, par P. Marchegay. 1846, in-8, cart. etc.

853. Poitou. Histoire généalogique. 3 vol. in-8, br.

Dictionnaire des familles de l'ancien Poitou, par M. H. Filleau. *Poitiers*, 1840-1854. (Tome 2e, D. R.) — Armorial du Poitou, publié par A. Gouget. *Niort*, 1866, in-8, papier de Hollande. — Armorial de la noblesse du Poitou. *Poitiers*, 1874, in-8, br.

854. Poitou. Mélanges historiques. 16 vol. in-8 et in-12 et brochures.

Histoire des rois et des ducs d'Aquitaine et des comtes de Poitou, par de La Fontenelle de Vaudoré et Dufour. 1842, tome Ier. — Recherches sur les vigueries et sur les origines de la féodalité en Poitou, par de La Fontenelle de Vaudoré. 1839, in-8, br. — Tableau des émigrés du Poitou avec pièces et documents inédits, par H. Beauchet-Filleau. 1845, in-8, br. — Etudes sur les historiens du Poitou, par l'abbé Auber. 1871, in-8, br. — Pièces inédites rares ou curieuses concernant le Poitou et les Poitevins, publiées par H. Beauchet-Filleau. 1870, in-8, br. — Dictionnaire géographique du département des Deux-Sèvres. 1874, in-12, etc.

855. Histoire des comtes de Poictou et ducs de Guyenne, contenant ce qui s'est passé de plus mémorable en France depuis l'an 811 jusques au roy Louis le Jeune. Ensemble divers traictez historiques. Par feu M. Jean Besly. *Paris, Robert Bertault*, 1647, in-fol. portr. gr. bas. ant.

856. Notes prises aux archives sur les tenures du Poitou, xv° et xvi°
siècles. In-fol. non relié.

 Manuscrit sur papier du xviii° ou xix° siècle, de 6 ff.

857. Archives historiques du Bas-Poitou. *Fontenay-le-Comte*, 1811-
1847, 3 vol. in-8, br.

 Chronique Fontenaisienne, 1 vol. — Histoire du monastère et des évêques de
Luçon, 2 vol.

858. Archives historiques du Poitou. *Poitiers, H. Oudin.* 1873-1886,
15 vol. in-8, br.

 Tomes II à XV et tome XVII.

859. Archives seigneuriales du Poitou. Inventaire analytique des Archives du château de La Barre, par Alfred Richard. *Saint-Maixent,*
1868, 2 vol. et table in-8, br.

860. Histoire littéraire du Poitou, par Dreux Du Radier. *Niort, Robin,*
1842-1849, 3 vol. in-8, br.

861. Berry. Mélanges. Réunion de 3 vol. in-8, rel. et br.

 Généalogie de la maison d'Argy. — Vocabulaire du Berry (par le comte Jau-
bert). 1842. — Obituaire du couvent des cordeliers de Châteauroux, publié par
Eug. Hubert. 1885.

862. Recueil des délibérations secrètes du Parlement de Bourgogne.
2 vol. in-fol. demi-rel. bas.

 Manuscrit sur papier, daté de 1748, et composé de 520 ff. ch. pour le
1ᵉʳ vol. et de 395 pages numérotées pour le 2ᵉ vol. et suivi d'une table alphabétique des matières.

863. Histoire amoureuse et tragique des princesses de Bourgogne (par
l'abbé de Boismorant). Enrichie de leurs véritables portraits en taille-
douce. *La Haye, d'Hont (Rouen),* 1720, 2 tomes en 1 vol. in-12, portr.
chag. La Vall. tr. dor.

864. Mémoire sur l'Angoumois par Jean Gervais... publié pour la première fois par G. Babinet de Rencogne. *Paris, Aug. Aubry,* 1864,
in-8, br.

 Tiré à très petit nombre.

865. Les Coutumes du pais et duché d'Angoumois, Aunis et gouvernement de La Rochelle, avec les commentaires de Mᵉ Jean Vigier. Seconde
édition. *A Angoulême et se vend à La Rochelle,* 1720, in-fol. v. br. ant.

866. Sancti Spiritus adsit nobis gratia. Incipit descriptio successionum
sive gestorum ecclesiæ de Corona. *S. l. n. d.* pet. in-4, vél.

 Manuscrit sur papier du milieu du xviii° siècle composé de 77 pp. contenant
l'histoire de la fondation et des agrandissements successifs de l'abbaye de La
Couronne, dans la province d'Angoulême.

867. L'Angoumois et la Charente. Réunion de 17 vol. et br. in-4 et in-8.

 Marvaud. Études sur l'Angoumois. 1835. — H. Léridon. Étude sur la coutume

d'Angoumois. 1666. — Bujeaud. Chronique protestante de l'Angoumois. 1860.
— P. de La Croix. La Fronde en Angoumois. 1863. — Le Trésor des pièces
angoumoises (Tome I). 1863. — La Noblesse d'Angoumois, en 1635. 1866 (*grand
papier*). — Alphabet de l'art militaire de Jean Montgeon. 1875. — Œuvres de
Jean Bastier de La Peruse. 1867. — Coquand. Description de la Charente. 1858.
— La Charente communale illustrée. 1868 (Tome I); etc.

868. Biographie angoumoise. Réunion de 11 vol. et br. in-8.

Castaigne. Vie de Jean d'Orléans, comte d'Angoulême. — Et. Charavay. Jean
d'Orléans, 1876. — De La Ferrière Percy. Marguerite d'Angoulême. 1862. — Le
Roux de Lincy. Essai sur la vie et les ouvrages de Marguerite d'Angoulême.
1853. — L'abbé Maratu. Gérard évêque d'Angoulême. 1866. — Cl. Gigon. Gérard II
et ses détracteurs. 1862. — Michon. Vie de J.-J.-P. Guigon, évêque. 1844; etc.

**869. Angoulême. Mélanges historiques et religieux. Réunion de 13 br.
in-8.**

Recherche de l'antiquité d'Engoulesme, par H. Vinet. 1877. — Eug. Castaigne.
Entrées solennelles à Angoulême. 1856. — Chronologie des maires d'Angoulême,
par Babinet de Rencogne. 1870. — Les souvenirs historiques du château d'An-
goulème. 1853. — Les Jésuites à Angoulême, par Aug. de Massougues. 1888. —
Histoire de la chapelle de Notre-Dame des Bezines. 1857; etc.

**870. Histoire politique, civile et religieuse de la Saintonge et de l'Aunis
depuis les premiers temps historiques jusqu'à nos jours; précédée
d'une introduction par M. D. Massion. Deuxième édition. *Saintes,
Charrier*, 1846, 5 vol. in-8, demi-rel. bas.**

**871. Saintonge et Aunis. Mélanges. Réunion de 14 vol. et br. in-4 et
in-8.**

L'abbé Th. Grasilier. Cartulaire de la Saintonge. 1871, 2 vol. — A. Boucherie.
Saint Eutrope. 1876. — Jônain. Dictionnaire du patois saintongeais. 1860. —
— Rainguet. Biographie saintongeaise. 1852. — L.-E. Meyer. Glossaire de
l'Aunis. 1871. — La noblesse de Saintonge et d'Aunis aux États généraux de 1789.
1861. — Chroniques saintongeaises et aunisiennes. 1857; etc.

**872. Mélanges historiques sur diverses villes de la Charente. Réunion
de 9 vol. et br. in-8.**

Charte relative à la reddition d'Aubeterre sous le roi Jean. 1866. — L. Cavrois
Barbezieux. — P. Lacroix. Le château de Boissac; le château de Jarnac. 1851.
— Ed. Sénemaud. La Bibliothèque de Ch. d'Orléans à Cognac. 1861. — Journal
de Pierre de Jarrige, viguier de Saint-Yrieix. 1868. — Eus. Castaigne. Chronique
de l'abbaye de la Couronne. 1864; etc.

873. La Rochelle et Saintes. Réunion de 6 vol. in-12 et in-4.

Le Coustumier général de La Rochelle. 1662. — Origine et progrès de la
Réformation à La Rochelle. 1872 (*gr. pap.*). — Nobiliaire de La Rochelle.
— Guide à Saintes. 1841. — Baron Chaudruc de Crazannes. Antiquités de
Saintes. 1820.

874. Périgord. Mélanges. Réunion de 8 vol. et br. in-4 et in-8.

De Gourgues. Dictionnaire topographique de la Dordogne. 1873. — Saint
Allais. Précis historique sur les comtes de Périgord. 1836. — Dessalles. Péri-
gueux et les deux derniers comtes de Périgord. 1847. — Audierne. Le Périgord
illustré. 1851. — Discours véritable de ce qui est advenu à trois blasphéma-
teurs..... près de Perrigeur. (Réimpression.) — Galy. Vesone et ses monuments
sous la domination romaine; etc.

875. Documents historiques bas-latins, provençaux et français concernant principalement la Marche et le Limousin, publiés par Alfr.
Leroux, Em. Molinier et Anth. Thomas. *Limoges, V.-H. Ducourtieux,*
1883-1885, 2 vol. in-8, br.

876. Limousin. Ouvrages historiques et archéologiques. 10 vol. et 19 br.

> Histoire de Limoges, par Barny de Romanet. 1821, in-8, bas. — Le Limousin
> historique, par Ach. Leymarie. 1838, gr. in-8, br. (Tome I). — Histoire du Limousin,
> par A. Leymarie (La Bourgeoisie). 1845, 2 vol. in-8, br. — Département de la
> Haute-Vienne. Statistique par Texier Olivier. *Paris,* 1808, in-4, demi-rel. bas. —
> Changemens survenus dans les mœurs des habitans de Limoges, par Juge. 1817,
> in-8, br. — Limoges au xviie siècle, par M. P. Laforest. 1862, in-8, br. —
> Manuel d'épigraphie, suivi du recueil des inscriptions du Limousin, par M. l'abbé
> Texier. 1851, gr. in-8, br. — Bulletin de la Société archéologique et historique
> du Limousin. Numéros divers, etc.

877. Registres consulaires de la ville de Limoges, publiés sous la direction de M. Em. Ruben. *Limoges, Chapoulaud,* 1867-69, 2 vol. in-8,
demi-rel. chag. r.

> Premier registre. Parties I et II.

878. Nobiliaire du diocèse et de la généralité de Limoges, par l'abbé
Joseph Nadaud, édité par l'abbé Roy-Pierrefitte. *Limoges, Chapoulaud,* 1856, 2 vol. in-8, en feuilles.

> Le tome I est complet et a en plus des feuilles doubles. Le tome II ne
> comprend que 57 feuilles et est incomplet de la feuille 35 ainsi que du titre.

879. Reconnaissances des redevances dues à l'abbaye de Mansiade
(Vivarais). *S. l. n. d.* in-4, recouvert en mouton vert.

> MANUSCRIT DU XVe SIÈCLE SUR PARCHEMIN composé de 64 feuillets; en regard
> de ces feuillets se trouve une transcription partielle du texte, en latin sur
> papier.
> Ce manuscrit a appartenu à M. Monteil dont il porte la signature.

880. Histoire de la Gaule méridionale sous la domination des conqué-
rants germains, par M. Fauriel. *Paris, Paulin,* 1836, 4 vol. in-8,
demi-rel. bas. tr. marb.

> Taches.

881. Ouvrages historiques sur Bordeaux. 5 vol. et 3 brochures.

> Histoire de la ville de Bordeaux, par Dom Devienne. *Bordeaux,* 1771, in-4,
> front. portr. v. ant. — Histoire de Bordeaux par Bernadau. *Bordeaux,* 1839,
> in-8, portr. demi-rel. bas. — Examen critique ou réfutation de l'histoire de Bor-
> deaux de M. Bernadau, par l'ermite de Floirac. *Bordeaux,* 1838, in-8, br. — La
> France pontificale, par H. Fisquet. Métropole de Bordeaux. *Paris, Repos, s. d.*
> in-8, br. — Inventaire-sommaire des archives départementales antérieures à
> 1790, rédigé par M. Gras. Gironde. Archives civiles. Série C. *Paris, P. Dupont,*
> 1864, in-4, br.

882. Privilèges des bourgeois de la ville et cité de Bourdeaus, octroyez
et approuvez par les rois Henry II, Charles IX, Henry III, Henry IV
et Louis XIII. *A Bourdeaus, par Simon Millanges,* 1618, in-4 de
56 pp. demi-rel. v. f.

883. Arrêts de la cour de Parlement contenans prohibitions à ceux qui
ne sont de la seneschaucée de Bourdelois, de ne faire les barriques

pour mettre les vins cüeillis hors ladicte seneschaucées, en barriques
de mesme gauge, grandeur et longueur, que celles qu'on faict pour
mettre vins de ladite seneschaucée. Et de ne les cercler d'aulan, ny
vendre les vins en autres lieux qu'aux Chartreux, et ce apres la feste
de Noël, etc. *A Bourdeaus, par S. Millanges*, 1619, in-4 de 26 pp.
cart.

884. Instructions pour la Conservation de certains droicts appartenans à la ville et cité de Bourdeaus, contestez par aucuns personnages. Colligées par le sieur d'Arnal.... adressées au sieur Leclerc.
Bourdeaus, Simon Millanges, 1620, in-4 de 28 ff. cart.

> Recueil intéressant.
> La pagination est défectueuse.

885. Études historiques sur le Rouergue, par M. A.-F. baron de Gaujal.
Ouvrage donné par l'auteur au département de l'Aveyron et publié
par le conseil général. *Paris, Paul Dupont*, 1858, 3 vol. in-8, demi-
rel. chag. vert avec coins.

886. Documents historiques sur la province du Gévaudan, par M. Gustave de Burdin. *Toulouse, Laurent Chapelle*, 1856, 2 vol. in-8, br.

887. Cartulaire de la confrairie et royaume de Monsieur Saint-Michel.
Grand in-8, initiales en or et en couleur, chag. r. comp. dor.

> MANUSCRIT du xvie siècle sur VÉLIN de 38 feuillets, relatif à une confrérie de
> marchands qui existait à Agen en Agenais.
> Le manuscrit est très curieux en ce qu'il relate divers coutumes et usages
> auxquels étaient soumis les compagnons et garçons de la confrérie, et ceux qui
> venaient s'établir à Agen. On y remarque aussi une coutume en vieux langage
> méridional concernant l'admission des étrangers à la bourgeoisie de la ville, et
> l'histoire du procès d'un marchand thoulousain qui voulait vendre en détail des
> draps dans la ville. Les détails sur la législation et la police des marchands sont
> très curieux ; un article de la vieille coutume d'Agen dit entre autres que qui veut
> se rendre habitant de ladite ville doit prouver qu'il n'est ni hérétique ni bulgare.
> Ce cartulaire contient la liste des fondateurs de la confrérie.
> En tête du volume se trouve une note manuscrite autographe de 7 pages
> signée de M. MONTEIL (du 1er avril 1841).
> Le manuscrit est incomplet du premier feuillet, M. Monteil en a reconstitué le
> texte. On y a découpé aussi quelques initiales que M. Monteil a fait restaurer
> par le peintre en décors, M. Louis Ledreux.

888. Languedoc. Histoire particulière de Carcassonne et de Montpellier. Réunion de 14 vol. in-8, br. et rel.

> Annuaire historique et généalogique de la province du Languedoc, par M. Louis
> de La Roque. 1864 (IIe année). — Mémoires de la Société des Arts et des Sciences
> de Carcassonne. 1849-1870. (Tome 1, 1re livraison, tomes II et III.) — Histoire
> du comté et de la vicomté de Carcassonne, par Gros-Mayrevieille. 1846. (Tome I.)
> — Les Monuments de Carcassonne. 1850. — P. Foncin. De veteri Carcas-
> sonis civitate. 1877. — A. Mahul. Mémoires sur le rétablissement du siège épi-
> scopal dans l'antique cathédrale de Saint-Nazaire. — Fragments du cartulaire
> de La Chapelle (Aude), recueillis et publiés par M. Chazaud. 1860. — La Révo-
> lution dans l'Aude. 1789-1793, 9 pièces en 1 vol. — Le Bataillon n° 2 du dépar-
> tement de l'Aude à J.-B. Anselme, ci-devant général de l'armée du Var. 1793
> (lettre aut. du général Anselme, s. et dat. ajoutée). — Thomas. Description de
> Montpellier. 1836. — Serres. Histoire abrégée de Montpellier. 1873. — Louis
> de La Roque. Biographie montpelliéraine. Peintres, sculpteurs et architectes.
> 1877.

889. Narbonensium votum, et aræ dedicatio, insignia antiquitatis monumenta. Narbone reperta in marmore e terra effosso. *Burdigalæ, apud Simonem Millangium*, 1572, in-12 de 22 ff. et 1 tableau, demi-rel. bas.

   Fortes piqûres de vers et mouillure.

890. Dénombrement du fief de Lamesan en Médoc. *S. l. n. d.* in-fol. demi-rel. bas.

   Manuscrit sur vélin du xviie siècle composé de 7 ff. contenant les noms et fiefs des vassaux de Jehan-Louis de Lavalette, duc d'Epernon. Ce manuscrit est en grande partie recopié sur des feuillets intercalaires.

891. Dictionnaire historique, biographique et bibliographique du département de Vaucluse, par C.-F.-H. Barjavel. *Carpentras*, 1841, 2 vol. in-8 à 2 col. br.

892. Recherches historiques et statistiques sur la Corse (par F. Robiquet). *Rennes*, s. d. in-8, fig. musique gr. demi-rel. v. noir.

   Le titre manque.

893. De la Nature du duché de Lorraine. — Testament du duc René II. — Cession et transport des duchez de Lorraine et de Bar, par François Second, duc de Lorraine, à Charles IVe du nom, son fils. — Droits de la maison de Lorraine sur le royaume de Sicile. *S. l. n. d.* in-4 de 129 et 12 pp. mar. r. dos orné, fil. tr. dor. (*Rel. anc.*)

894. Lorraine. Coutumes, histoire, biographie, bibliographie. Réunion de 10 vol. et br. in-8 et in-12.

   Coutumes généralles du duché de Lorraine. 1697. · Bonvalot. Les plus principalles et générales coustumes du duchie de Lorraine. 1878. Richard. Traditions populaires de l'ancienne Lorraine. 1848. — Marcotty. Histoire du duché de Lotharingie. 1844. — F. des Robert. Campagnes de Charles IV, duc de Lorraine. 1383. — L'ordre et la marche de l'entrée triomphante des soldats patriotes du département de la Meuse après le Roi, la Reine... reconquis pour la seconde fois à Varennes. 1791. — De Puymaigre. Poètes et romanciers de la Lorraine. 1848. — Lieutaud. Liste alphabétique de portraits de personnages nés en Lorraine. 1862. — Rouyer. Etudes de bibliographie lorraine. 1880. — Inventaire sommaire des archives départementales antérieures à 1790. Lorraine. 1879.

895. Lorraine. Ouvrages historiques sur Metz, Verdun, Thionville, Longwy, etc. 7 vol., 6 br. et 1 carte.

   Relation du siège de Metz en 1444, publiée par MM. de Saulcy et Huguenin. 1835, in-8, demi-rel. v. f. — Histoire ecclésiastique de la province de Trèves, par l'abbé Clouet. *Verdun*, 1844-1851, 2 vol. in-8. — Étude sur la République messine, par Klipffel. 1863, in-8, br. — Essai sur l'histoire de Longwy. 1829, in-8, br. — Coutumes générales de la ville de Thionville. 1706, in-12, v. ant.

896. Traité du département de Metz. *Metz, J. Collignon*, 1736, in-4, carte gr. v. ant. marb.

   Notes manuscrites en marge.

897. Coutumes générales de la ville de Mets et pays messin. Corrigées ensuite des résolutions des trois États de ladite ville ès années 1616, 1617 et 1618, avec les procès-verbaux de correction. *Mets, Fr. Bouchard*, 1677, in-12, vél.

   Mouillures.

898. Histoire et biographie du parlement de Metz, par Emm. Michel.
A Paris, chez J. Techener, 1845-1853, 2 vol. gr. in-8, br.

899. Journal de Metz, pour l'an de grâce 1765, avec une notice sur les
villes de Toul, Verdun, Sedan et Carignan. *A Metz, chez Joseph Collignon,* 1765, in-12, mar. r. dent. tr. dor.

900. Histoire physique, civile, morale et politique de Nancy, par Jean
Cayon. *Nancy, Cayon-Liébault,* 1846, in-8, fig. et plans, cart. non rog.

901. Mémoire pour servir à l'histoire de l'Ordre de la boisson. *Nancy,
Cayon-Liébault,* 1864, pet. in-8, papier de Hollande, cart.
Tiré à petit nombre.

902. Histoire de la ville et des seigneurs de Commercy, par Dumont.
Bar-le-Duc, 1843, in-8, br.

903. Histoire de Montmédy et des localités meusiennes de l'ancien
comté de Chiny, par M. Jeantin. *Nancy,* 1861-1864, 3 vol. in-8, br.

904. Histoire de Verdun et du pays verdunois, par M. l'abbé Cloüet.
Verdun, Ch. Laurent, 1867-1870, 3 vol. in-8, br.

905. Alsace française, ou Nouveau Recueil de ce qu'il y a de plus curieux
dans la ville de Strasbourg, avec une explication exacte des planches
en taille-douce qui le composent. *Strasbourg, G. Boucher,* 1706, pet.
in-fol. demi-rel. bas.
Recueil se composant d'une vue de la ville, d'un plan de la citadelle, de
5 planches représentant des vues extérieures et intérieures de la cathédrale, et
de 10 planches de costumes coloriées.

906. Alsace. Ouvrages historiques. 3 vol.
Histoire de la Basse Alsace et de la ville de Strasbourg, par Louis Spach. *Strasbourg,* 1858, in-8, br. — Coutumes de la Haute Alsace dites de Ferrette, publiées
par Éd. Bonvalot. *Colmar,* 1870, in-8, br. — L'ancienne Alsace à table, étude historique et archéologique, par Ch. Gérard. *Paris, Berger-Levrault,* 1877, in-8, br.

907. Lille et la Flandre. Réunion de 4 vol. in-8, rel. et br.
Jean de Scur. La Flandre illustrée par l'institution de la chambre du roi à Lille.
l'an 1385. 1713. — Regnault-Warin. Lille ancienne et moderne. 1803. — La
Sainte et noble famille de Lille, par le comte de Fontaine de Resbecq. — Le
Glay. Catalogue descriptif des manuscrits de la bibliothèque de Lille. 1848. —
De la réunion par Louis XIV à la France, d'une partie de la Flandre et du Hai-
naut. 1867.

B. Champagne. — Ardennes.

a. Histoire générale. — Mélanges.

908. Mémoires historiques de la province de Champagne, contenant
son état avant et depuis l'établissement de la monarchie françoise,
les vies des ducs qui l'ont gouvernée, etc. par M. Baugier, seigneur
de Breuvery. *A Chaalons, chez Claude Bouchard,* 1721, 2 vol. in-8,
portr. carte et fig. grav. mar. r. fil. tr. dor. (*Rel. anc.*)

909. — Le même ouvrage, même édition. 2 vol. in-8, demi-rel. chag. La Vall.

910. Histoire de la Champagne et de la Brie, par M. Poinsignon. *Châlons-sur-Marne*, 1885-1886, 3 vol. in-8, br.

911. Mémoires de Claude Haton, contenant le récit des événements accomplis de 1553 à 1582, principalement dans la Champagne et la Brie, publiés par M. Félix Bourquelot. *Paris, Impr. impér.* 1857, 2 vol. in-4, cart. non rog.

912. Histoire des ducs et des comtes de Champagne, par H. d'Arbois de Jubainville. *Paris, Aug. Durand*, 1859-1869, 7 tomes en 8 vol. in-8, br.

913. Histoire de la noblesse champenoise. 13 vol. in-8 et in-12, fig. rel. et br

De la vertu de la noblesse, aux roys et princes tres chrestiens, par Jehan Caumont. *Paris, Federic Morel*, 1585. — Biston. La Noblesse maternelle en Champagne. 1859. — Barthélemy. Armorial général de la généralité de Châlons-sur-Marne. 1862. — Henry Vincent. Maison des Armoises. 1877. — De La Roque. Gentilshommes de Champagne. 1863. — Roserot. Armorial de l'Aube. 1879. — Abbé Coffinet. Armorial des évêques de Troyes. 1869. — De Caumartin. Notes sur la recherche des nobles de Champagne en 1673. 1885. — Les Nobles de Champagne, suivis de la liste des familles qui n'ont point été admises par M. de Caumartin en 1666. 1874. (Tirage à petit nombre. *Ex. en gr. papier.*) — Caumartin. Procès-verbal de la recherche de la noblesse de Champagne. 1852. — Sommaire du procès-verbal. 1867. — Continuation de la Recherche par M. Larcher. 1868.

914. Procez verbal de la Recherche de la Noblesse de Champagne fait par monsieur de Caumartin. *Chaalon* (sic), *Jacques Seneuze*, 1673, in-8, bas.

Cachet sur le titre. Exemplaire mouillé.

915. Villes, bourgs et établissements religieux de Champagne. Mélanges. Réunion de 14 vol. et br. in-8.

Mémoire pour les maires, échevins, habitants et communauté de Martin, 1786. — Histoire queurieuse et terrible doou temps du monsieur de Malberoug. 1851.— E. de Barthélemy. Recueil des chartes de Cheminon. 1883. — Recherches historiques sur la petite ville de Suippes. 1874. — Buirette. Histoire de Sainte-Menehould. 1837. — Boilleau. Sceau de l'abbaye de Valroi. 1852. — L'Eglise des dominicains de Revin. 1880. — Dom Noel. Notice sur le canton de Dormans. 1877, etc.

916. Vues de la Champagne. *S. l. n. d.* 52 pl. in-fol. montées sur onglets, cart.

La plupart de ces planches sont sur une double page et contiennent 2 gravures de Jean Peeters.

917. Champagne. Mélanges historiques et religieux. Réunion de 9 vol. et br. in-8.

La Chronique de Champagne. 1837-38 (tomes I, III et IV). — La Champagne catholique. 1844-46 (années I, II et III). — Recordon. Le Protestantisme en Champagne. 1863. — Henry. La Réforme et la ligue (en Champagne). 1867. — Etat général des Calvinistes de Champagne et de Brie en 1685. 1878.

918. Champagne. Histoire. Réunion de 11 vol. et br. in-8 et in-12.

De Montrol. Résumé de l'histoire de Champagne. 1826. — L'abbé Boschefer.
Mélanges historiques sur la Champagne. 1866. — Tableau historique de la géné-
ralité de Champagne. *Reims*, 1787. — Detorcy de Torcy. Recherches sur la
Champagne. 1832. — Carnaudet. Le Trésor des pièces de la Champagne et de la
Brie. 1863. — Chronique de Saint-Martin de Huiron. 1879. etc.

919. Pièces historiques sur la Champagne. Mélanges. Réunion de
17 vol. in-8 et in-12, rel. et br.

Lettre circulaire contenant un charitable avis à quelques villes de Champagne et Picardie, pour les inciter de se résoudre à prendre le bon parti du Roy
et du Parlement. 1649. — La Champagne et la Picardie aux pieds du Roy qui se
plaignent des violences qu'on leur fait et qui implorent son assistance. 1650. —
Herelles. Mémoire des choses advenues en Champagne. 1882. — Assier. Les Archives curieuses de la Champagne. 1853. — Danielo. Histoire des villes de France :
Champagne. 1853. — Roux de Rochelle. Histoire du régiment de Champagne.
1839. — Baron de Ruble. L'armée et l'administration allemandes en Champagne.
1872. — Assier. Les Arts et les Artistes en Champagne. 1876. — Histoire des
comtes de Champagne. 1753, 2 vol. — Béraud. Les comtes de Champagne. 1842,
2 vol. ; etc.

920. Inventaire des layettes du trésor des Chartes. Tome III. In-fol.
parch.

Manuscrit sur papier du xviiie ou xixe siècle, contenant la copie de l'inventaire, de la *Champagne* à la *Provence*, nº 23, inclusivement.

921. Recherches sur l'histoire du langage et des patois de Champagne,
par P. Tarbé. *Reims*, 1851, 2 vol. in-8, br.

Exemplaire sur PAPIER BLEU.

922. Collection des poètes de Champagne antérieurs au xvie siècle.
Reims, 1860-1866, 8 vol. in-8, dont 7 br. et 1 en demi-rel.

Le Romancero de Champagne. 4 vol. — Les Œuvres de Blondel de Néele. 1 vol.
— Recueil de poésies calvinistes (1550-1566, publié par Tarbé). 1 vol. — Le roman de Foulque de Candie. 1 vol. — Le roman des Quatre fils Aymon. 1 vol.

923. Revue de Champagne et de Brie. *Paris, H. Menu*, 1876 ; *Arcis-sur-
Aube*, 1887, 11 années en fascicules in-8.

L'année 1882 est incomplète des livraisons de juin et de novembre ; celle de
1883, de janvier et de décembre et celle de 1885, de janvier et de juin. L'année
1887 ne va que jusqu'à mars.

924. Le Testament de Jean Meslier curé d'Etrépigny et de But-en-
Champagne, décédé en 1733. Ouvrage inédit, précédé d'une préface...
par Rudolf Charles. *Amsterdam, Meijer*, 1864, 3 vol. in-8, demi-rel.
bas. verte.

925. Mélanges Champenois. Réunion de 21 vol. et br. in-8 et in-12.

Buirette de Verrières. Les États de Champagne. 1788. — J. Hubert. Lettres
d'un Champenois. 1862. — De Sanville. Lettres champenoises (I et III). — Essai
sur les grands hommes de Champagne. 1763. — H. Menu. Etudes biographiques.
— Sol. Lieutaud. Portraits de Champenois. — Louis Lacour. Le comte de Chevigné. 1865. — Ch. des Guerrois. Paysages de Champagne. 1854. — Histoire de Ges-
punsart. 1877. — Histoire de Trigny. 1872; etc.

926. Biographie champenoise. Réunion de 7 vol. et br. in-8.

Histoire de La Fontaine, par Walckenaer. 1824. — Vie de madame de Gerlache. 1869. — M. Husson. Biographie de L. F. Bertèche dit La Bretèche. 1879. — H. Remy. Jean sire de Joinville. 1873. — H. Jadart. Dom J. Mabillon. 1879. — Ern. Petit. Les Sires de Noyers. 1874. — S. Lieutaud. Recherches sur les personnages nés en Champagne. dont il existe des portraits. 1856 (nombreux portraits ajoutés).

b. Reims.

927. Description historique et topographique de la grande route de Paris à Reims, avec le plan de cette dernière ville orné d'allégories, par Dom G. Coutans. *Paris, Vente*, 1775, in-4, titre encadré, dédicace, 22 plans, tableau allégorique et plan de Reims, gr. et montés sur onglets, cart.

928. Le Dessein de l'histoire de Reims, avec diverses curieuses remarques touchant l'establissement des peuples et la fondation des villes de France, par feu M. Nicolas Bergier, avocat au présidial de Reims. *Reims, Bernard*, 1635, in-4, portrait et figure de Tombeau, gravés par E. Moreau, mar. r. dos orné, fil. tr. dor. (*Rel. anc.*)

Nom à l'encre et cachet sur le titre.

929. — Le même ouvrage, même édition. In-4, plan et fig. v. ant. marb.

930. Histoire civile et politique de la ville de Reims, par M. Anquetil. *Reims, Delaistre-Godet*, 1756, 3 tomes en 2 vol. in-8, front. v. f. ant.

A la suite du tome I se trouve relié : Dissertation sur les actes de triomphe de la ville de Reims. *Reims*, 1739-1740, in-12. — Mémoires sur la famille des d'Origny, établis à Reims vers le commencement du xvi° siècle.

931. Description historique et statistique de la ville de Reims, par J.-B.-F. Géruzez. *Reims*, 1817, 2 vol. in-8, fig. cart. non rog.

932. La Chronique de Rains. publiée sur le manuscrit unique de la Bibliothèque du Roi, par Louis Paris. *Paris, Techener*, 1838, in-8, cart. non rog.

933. Mémoires de Oudard Coquault, bourgeois de Reims (1649-1668), publiés avec une introduction, un appendice et des notes, par Ch. Loriquet. *Reims*, 1875, 2 vol. in-8, br.

934. Archives législatives de la ville de Reims, collection de pièces inédites par Pierre Varin. *Paris, impr. Crapelet*, 1840-1853, 8 vol. in-4, cart. ou br.

De la collection des *Documents inédits sur l'histoire de France.*

935. Notes et documents pour servir à l'histoire de la ville de Reims pendant les quinze années de 1830 à 1845. *Reims, Brissart-Binet*, 1853, in-4, br.

Taches d'humidité.

936. Christofle de Thou, Barth. Faye et Jacques Viole. Coutumes de Vermandois;— de la cité et ville de Rheims; — de Chaalons et ressort du siège dudit lieu. *Rheims, de Foigny*, 1571. — Ens. 3 ouvrages en 1 vol. pet. in-4, bas. ant.

937. Reims. Pièces historiques. Réunion de 15 vol. et br. in-8 et in-12, rel. et br.

Recherches historiques sur la ville de Reims. 1850. — Histoire de Reims. 1864. — Jean Hubert. Le Siège de Reims par les Anglais en 1359. 1846. — Arrest de la cour de Parlement donné en faveur des habitants de la ville de Reims, contre le cardinal Mazarin, le marquis de La Vieuville et leurs adhérants. *Paris, Jean Guignard*, 1649. — Journal du sacre de Louis XVI. 1775. — Les cahiers du bailliage de Reims en 1789. 1869. — Ed. de Barthélemy. Histoire des archers, arbalétriers et arquebusiers de Reims. 1875. — Almanach historique de Reims pour 1881, etc.

938. Reims. Sciences, industrie, commerce, agriculture. Réunion de 14 vol. et br. in-8.

Académie nationale. Discours d'ouverture prononcé par M. Tourneur. 1881. — Travaux de l'Académie. Compte rendu de l'année 1883-1884, par M. Jadart. 1884. — Pechenard. De Schola remensi decimo seculo. 1875. — Précis historique sur l'ancienne communauté des maîtres en chirurgie de Reims, par A. Philippe. 1853. — Saubinet. Vocabulaire du bas langage rémois. 1845. — Notices sur Reims. 1880. — Congrès des agriculteurs. Cinquième session tenue à Reims. 1848. — Description historique de la ville de Reims, par G.-J. K. 1825, etc.

939. Reims. Mélanges historiques. Biographie. Réunion de 10 vol. et br.

Journal historique de Reims, par E. Galcrou. 1853. — J. Lacourt. Durocort, ou les Remois sous les Romains. 1864. — Les Pagi du diocèse de Reims. 1872 (Bibl. des Hautes Etudes. Fasc. XI). — Ar. Dey. Etude historique sur l'établissement des communes au XIIe siècle. 1873. — La Ballade des trois Estats de France, dansée à Reims. 1847. — Le vieux Reims, par l'abbé Cerf. 1875. — Reims. Revue mensuelle. 1853-56 (années I et II). — Une famille rémoise au XVIIIe siècle, par l'abbé Genet. 1881. — Danton. Biographie rémoise. 1855. — Catalogue des livres de M. F. Cliquot. 1843.

940. Bibliothèque de la ville de Reims. Catalogue des Imprimés. *Reims*, 1843-1869, 4 vol. in-8, br.

Théologie et Jurisprudence. — Sciences et Arts. Belles-Lettres. 2 vol.

941. Flodoardi presbyteri ecclesiæ remensis canonici historiarum ejusdem ecclesiæ libri IV, nunc primum latine ac multo auctiores.... editi cura et studio J. Sirmondi. *Paris, Cramoisy*, 1611, in-8, bas.

942. Historiæ remensis ecclesiæ libri IIII. Auctore Flodoardo presbytero et canonico eiusdem ecclesiæ... Nunc primum cum scholiis in lucem editi opera et studio Georgii Colvenerii. *Duaci, Bocardus*, 1617, in-8, v. ant. marb.

943. Metropolis remensis historia, a Frodoardo primum arctius digesta, nunc demum aliunde accersitis plurimum aucta et illustrata, et ad nostrum hoc sæculum fideliter deducta... studio et labore G. Marlot. *Insulis, de Rache*, 1666, 2 vol. in-fol. v. ant. marb.

944. L'Histoire de l'Église métropolitaine de Reims. Premièrement escrite en latin (non encores imprimé) par Floard iadis chanoine

d'icelle Église. Et maintenant traduite en françois par maistre Nicolas Chesneau. *Reims, Jean de Foigny*, 1581, in-4, demi-rel. bas. verte avec coins.

Mouillures aux derniers ff.

945. Histoire de l'Église de Reims, par Flodoard, publiée par l'Académie impériale de Reims. *Reims*, 1854, 2 vol. in-8, br.

946. Table chronologique extraite sur l'histoire de l'Église, ville et province de Reims, composée par feu M. Pierre Cocquault, prêtre, chanoine de l'Église de Reims. *A Reims, chez Fr. Bernard*, 1650, in-4, v. brun ant.

947. Trésors des Églises de Reims, par Prosper Tarbé ; ouvrage orné de planches, dessinées et lithographiées par J.-J. Maquart. *Reims, Assy*, 1843, in-4, pl. demi-rel. chag. viol. dos fleurdelisé, non rog.

948. Notre-Dame de Reims, par Prosper Tarbé. Seconde édition, revue et augmentée par l'auteur, illustrée d'un plan, de 6 gravures sur acier et de 25 gravures sur bois. *Reims, Quentin-Dailly*, 1852, gr. in-8, fig. chag. r. dos et plats fleurdelisés, non rog. couverture.

Bel exemplaire en GRAND PAPIER avec les figures hors texte en 3 états différents.

949. Polyptique de l'abbaye de Saint-Remi de Reims, ou Dénombrement des manses, des serfs et des revenus de cette abbaye, par M. B. Guérard. *Paris, Impr. imp.* 1853, in-4, br.

950. Le Tombeau du grand saint Remy, apôtre titulaire des François. Ses translations miraculeuses et les respects que nos roys lui ont rendu en divers temps, avec la cinquième translation désignée pour la présente année 1647, par dom Guillaume Marlot. *Reims, Fr. Bernard*, 1647, pet. in-8, demi-rel. bas.

Exemplaire fortement mouillé.

951. Planches gravées des monastères de l'ordre de Saint-Benoît, province ecclésiastique de Reims. Vingt-cinq planches gravées sur cuivre, offrant les vues à vol d'oiseau des abbayes et prieurés. Publié par M. Peigné-Delacourt, en 1864. 25 pl. in-fol. en feuilles dans un carton.

On a ajouté : Église de Munster, département de la Meurthe. *Nancy, Cayon-Liébault*, 1864, 4 pl. in-fol. dans une couverture.

952. Les Actes de la province ecclésiastique de Reims, publiés par Mgr Th. Gousset. *Reims*, 1842-1844, 4 vol. in-4, demi-rel. bas.

953. Histoire religieuse de Reims et de la province ecclésiastique. Réunion de 19 vol. et br. in-8 et in-12, rel. et br.

Armand. Histoire de saint Remi. 1846. — Réponse de Corneille de Byc au mémoire de M. Des Roches, touchant le testament de saint Remi. 1780. — L'abbé Gillet. Panégyrique de saint Remi. 1886. — Ch. M. Le Tellier, archevêque, duc de Reims. 1881. — Inauguration du monument du cardinal Gous-

set. 1872. — H. Menu. Notice sur M⁰ Landriot. — Ad ill. eccl. princ. archiepiscopum Remensem libellus supplex et apologeticus, de ipsius decreto idibus
Quintilibus anni 1697 prescripto. — Lettres pastorales. 1822-23. — La France
pontificale, divisée en provinces par Fisquet. Reims, 2 vol. — Cartulaire du
prieuré de Notre-Dame de Novy. 1877. — Restauration de la Métropole. 1822.
— Jovillon-Piérard. Description historique de Notre-Dame de Reims. 1823. —
Loriquet. Les Tapisseries de Notre-Dame de Reims. 1876 ; etc.

954. Le Sacre et coronnement du Roy de France. Avec toutes les
cérémonies, prières et oraisons, qui se font ausdits sacre et coronement, en l'Église métropolitaine et archi-épiscopale de Rheims.
Rheims, Jean de Foigny, 1575, fig. en bois. — Discours du sacre et
coronnement du tres chrestien roy de France, en forme d'Epistre...
par F. Jean Champagne. *Rheims, Jean de Foigny*, 1575. — Ens.
2 ouvrages en 1 vol. pet. in-8, vél.

    Mouillures.

955. Le Voyage de Rheims, avec l'entière et très exacte description
tant des cérémonies de la confirmation, sacre, couronnement et
réception, en l'ordre du Saint-Esprit, que du Touchement des malades du Roy Loys XIII, par le sr D. L. R. *A Paris, chez Eustache
Foucault, rue Saint-Jacques, à la Coquille*, 1610, in-8 de 21 ff. v. br.
dent. à froid, fil. tr. dor.

    Opuscule curieux, non cité.

956. Le Bouquet royal, ou le Parterre des riches inventions qui ont
servy à l'entrée du roy tres-chrestien Louis Le Juste, en sa ville de
Reims, par M. N. Bergier... augmenté des cérémonies gardées et
observées en son sacre, faict le XVII octobre 1610... par M. P. de La
Salle. *Reims, Simon de Foigny*, 1637, pet. in-4, vél.

    Livre rare qui donne la relation des cérémonies de l'entrée et du sacre de
Louis XIII à Reims. A la fin se trouve le poème intitulé : *la Nymphe rémoise au
Roy.*
    Exemplaire incomplet du titre. Mouillures.

957. Le Sacre et couronnement de Louis XIV, roy de France et de Navarre, dans l'Église de Reims, le septième juin 1654. *Paris, J. Chardon*, 1717, in-12, front. gr. mar. r. dos orné, fil. tr. dor. (*Rel. anc.*)

    Cet ouvrage est suivi du *Procès-verbal du sacre du roy Louis XIV° du nom fait
par... Monseigneur Simon Le Gras.— Protestation des prévot, doyen, chanoines, etc.
de l'Eglise de Rheims.*
    Mouillures.

958. Explication des emblèmes inventés et mis en vers par M. Bergeat, vidame de Reims, et M. l'abbé Deloche, tous deux chanoines
de l'Église métropolitaine, pour la décoration des édifices, arc de
triomphe, et autres monumens érigés par les soins de Messieurs
du conseil de la ville, lors de la cérémonie du sacre de Louis XVI.
Reims, Multeau, 1775, in-4 de 22 pp. mar. r. dos fleurdelisé, tr. dor.
(*Rel. anc.*)

    Exemplaire aux armes de la ville de Reims.

B   3

959. Joannis Vulteii Remensis Epigrammatum libri IIII. Eius de m Xenia. *Lugduni, sub scuto Basiliensi, apud Michaelem Parmanterium*, 1537. (A la fin :) *Lugduni excudebat Joannes Barbous*, 1537, in-8, v. f ant. rac. dent. tr. dor.

> Les poésies de Jean Faciot dit Vulteius relatent des anecdotes très curieuses sur François Ier et sa cour. L'auteur, un Rémois, était l'ami d'Étienne Dolet, de Clément Marot et de Rabelais.
> Le titre porte la marque de Michel Parmantier, imprimeur lyonnais. (Silvestre, *Marques typogr.* n° 675.)

960. Jac. Ludovici Strebæi, Remensis, De electione et oratoria collectione verborum libri duo. Item Iovitæ, Rapicii, Brixiani, de Numero oratorio libri quinque. *Coloniæ, in officina Birckmannica*, 1582, 2 parties en 1 vol. in-8, chag. bleu, fil. tr. dor.

> Marque de l'imprimeur à la fin du volume.
> Exemplaire aux armes du marquis de MORANTE.

961. — Le même ouvrage, même édition. In-8, car. ital. vél.

962. In hodiernam M. N. Ioannis Saulmon, inter suos commilitones loco et merito facilè principis, lauream Joannis Morel Rhemi, cardinalitii, lyricum carmen. *S. l.* 1584, in-4 de 8 pp. bas. bleue, dos orné.

963. Joannis Morelli musci rhemensis, paris. gymnasiarchæ lyra plectri horatiani œmula... Item achrostichis... aliaque diversa poemata. *Paris, Julien Bertault*, 1608, in-8, car. ital. titre gr. v. ant. gr.

> L'auteur de cette pièce de vers est Jean Morel, poète champenois (1539-1633), principal du collège de Reims en 1593.

964. Joan. Morelli scholæ rhemensis in academia paris. gymnasiarchæ hendecasyllabi, sive epigrammatum centuria prima. *Parisiis, Julianus Bertault*, 1612, pet. in-8, car. ital. mar. r. ornements sur les pl. et fil. tr. dor. (*Rel. anc.*)

> Exemplaire réglé. La reliure est fatiguée.

965. De Nuptiis D. Eustachii De Refuge in supremo senatu conciliarii Regii et D. Helenæ de Bellievre Epithalamium. Auctore Io. Morellus, scholæ Rhemensis moderator. *S. l. n. d.* in-4 de 6 pp. bas. brune, dos orné, fil. à fr.

966. Hymni sacri, item pleraque alia poematia quæ ad pietatem christianam pertinent. Authore Joanne Morello. *Parisiis, apud Lud. Février*, 1623, in-4, v. f. fil. tr. dor.

967. Récits d'un menestrel de Reims au XIIIe siècle, publiés pour la Société de l'histoire de France par Natalis de Wailly. *Paris, Renouard*, 1876, in-8, demi-rel. chag. La Vall.

968. Comte de Chevigné. Les Contes Rémois. Dessins de E. Meissonier. 7e édition. *Paris, Acad. des Bibl.* 1868, in-12, portr. et vign. demi-rel. chag. r. tête dor. ébarbé.

> Cette édition contient 3 contes nouveaux illustrés par Foulquier.

969. Mémoires de la Société des Bibliophiles de Reims. *Société des Bibliophiles de Reims*, 1841-1842, 13 pièces en 3 vol. in-16, v. br. dos orné, fil. et comp. tr. dor.

> 1. Discours de ce qu'a fait en France le héraut d'Angleterre et de la réponse que lui a faite le roi le 7 juin 1557.
> 2. Statuts et noms des membres de la Société.
> 3. Le noble et gentil jeu de l'Arbaleste à Reims.
> 4. Une émeute en 1649. Mazarinade.
> 5. Louis XI et la sainte Ampoule.
> 6. Mémoires de M. Fr. Maucroix, chanoine et sénéchal de l'église de Reims.
> 7. Histoire du pain d'épice de Reims.
> 8. L'entrée du Roy nostre sire en la ville et cité de Paris.
> 9. Les Lépreux à Reims au xve siècle.
> 10. Suite et fin des mémoires de M. Maucroix.
> 11. Inventaire après le décès de Richard Picque, archevêque de Reims, 1389.
> 12. Li (*sic*) Purgatoire de saint Patrice, légende du xiiie siècle, d'après un manuscrit de la bibliothèque de Reims.
> 13. 20 miniatures d'une Bible du xive siècle (1378) avec explications et fac-similé du texte.

c. Troyes, Châlons-sur-Marne, Avenay. Épernay, Vitry, Langres, Joinville, villes des Ardennes, l'ancien duché de Bouillon, etc.

970. L'Aube, Bar-sur-Aube et Brienne. Réunion de 5 vol. in-8, br.

> D'Arbois de Jubainville. Voyage paléographique dans l'Aube. 1855. — L'administration des intendants, d'après les archives de l'Aube. 1880. — Histoire de Bar-sur-Aube sous les comtes de Champagne, 1077-1284. 1859. — Bourgeois. Histoire des comtes de Brienne. — Catalogue d'actes des comtes de Brienne, par M. de Jubainville. 1872.

971. Mémoires histor'ques et critiques pour l'histoire de Troyes, ornés de plusieurs planches gravées, par M. Grosley. *Troyes, Sainton*, 1811-1812, 2 vol. in-8, portr. et pl. br.

972. Troyes. Mélanges historiques. Réunion de 4 vol. in-8, rel. et br.

> Recherches sur l'établissement et l'exercice de l'imprimerie à Troyes, par M. Corrard de Bréban. 1839. — Aufauvre. Les Tablettes historiques de Troyes. 1858. — D'Arbois de Jubainville. Pouillé du diocèse de Troyes, rédigé en 1407. 1853. — Affaire Harmand. Marche et Pièces du procès. 1873.

973. Œuvres inédites de P.-J. Grosley... collationnées par M. Patris-Debreuil. *Paris, impr. Patris*, 1832, 3 vol. in-8, portr. br.

> Contient : Mémoires sur les Troyens célèbres.
> Exemplaire en PAPIER VÉLIN.

974. Mémoires de l'Académie des sciences, inscriptions, belles-lettres, beaux-arts, etc. nouvellement établie à Troyes en Champagne (par P.-J. Grosley, André Lefèvre, David, etc.). *Paris, Duchesne*, 1756, 2 tomes en 1 vol. in-8, front. cart.

> Recueil curieux de facéties composées sous forme de dissertations sérieuses. Cette seconde édition renferme le second volume qui n'avait pas paru avec la première.

975. Collection du bibliophile troyen : I. Visio quam vidit Karolus imperator, de suo nomine (vision que l'empereur Karl a vue). *Troyes, Poignée*, 1850, 32 pp. (texte latin et traduction française). —

II. Comptes de l'Église de Troyes, 1375-1385. *Troyes, Poignée*, 1851,
xx et 60 pp. — III. Anciens usages à Sainct-Estienne et à Nostre-
Dame-aux-Nonnains, xiie-xviiie siècles. *Troyes, Poignée*, 1851,
xiii et 58 pp. — Ens. 3 ouvrages en 1 vol. in-8, demi-rel. mar. vert
avec coins, tête dor. ébarbé.

> Publications faites par les soins de M. J.-F. Gadan, tirées à 100 exemplaires
> numérotes.
> Exemplaires sur PAPIER VERGÉ.

976. Les Comédies facécieuses de Pierre de l'Arivey, Champenois.
Rouen, Raphaël du Petit Val, 1611, pet. in-12, v. br. tr. dor. et ciselée.

> Bonne édition.
> Légères taches.

977. La Marne et Châtillon-sur-Marne. Réunion de 6 vol. in-8 et
in-12, br.

> G. Lesage. Géographie de la Marne. 1840, 2 vol. — Badin et Quantin. Géo-
> graphie. Département de la Marne. 1847. — Ad. Guérard. Statistique historique
> de la Marne. — Dom Noel. Notice sur Châtillon-sur-Marne. 1875, etc.

978. Châlons-sur-Marne. Histoire. — Réunion de 10 vol. et br. in-12.

> Histoire de la vie et des miracles de saint Memmie, premier évêque de Chaa-
> lons. 1788. — Annales historiques de la ville et comté-pairie de Châlons-sur-
> Marne, par M. Buirette de Verrières. 1788 (Introduction et tome I). — Ed. de Bar-
> thélemy. Cartulaires de l'évêché et du chapitre Saint-Etienne. 1853. — Histoire
> de la ville de Châlons. 1854. — Armorial de Châlons. 1856. — Relation de l'en-
> trée de M. de Choiseul-Beaupré. 1861. — Armorial de la généralité de Chalons.
> I. 1862. — Variétés sur le Châlonnais. 1873, etc.

979. Coustumes de Chaalons avec les commentaires de maistre Louis
Billecart. *Paris, Charles de Sercy*, 1676, in-4, bas. ant.

980. Diocèse ancien de Châlons-sur-Marne. Histoire et monuments.
Par Ed. de Barthélemy. *Paris, Aubry*, 1861, 2 vol. in-8, carte et
plans, br.

981. Antiphonaire à l'usage du diocèse de Chaalons, imprimé par
ordre de Mgr Claude-Antoine de Choiseul-Beaupré, évêque comte
de Chaalons, pair de France. *Chaalons, Seneuze*, 1743, 2 vol. in-8,
musique notée, mar. r. dos orné, fil. tr. dor. (*Rel. anc.*)

> Partie d'été. Partie d'hiver.
> Voir le n° 411.

982. Histoire de l'abbaye d'Avenay, par L. Paris. *Paris, Alph. Picard*,
1879, 2 vol. in-8, br.

983. Épernay. Histoire. 7 vol. in-12 et in-8, rel. et br.

> Garnesson. Histoire d'Épernay. 1800, 2 vol. — A. Nicaise. Épernay et l'ab-
> baye de Saint-Martin. 1869, 2 vol. etc.

984. Relatio historica abbatum monasterii Eluonensis conscripta a
D. Landelino Delacroix ejusdem monasterii religioso. In-fol. non
relié.

> MANUSCRIT moderne, sur papier comprenant 270 pages numérotées.

985. Coutumes du bailliage de Vitry en Perthois, avec un commentaire, etc., par maistre Estienne Durand. *A Chaalons, chez Claude Bouchard,* 1722, in-fol. v. ant. gran.

986. La Haute-Marne ancienne et moderne, par Em. Jolibois. *Chaumont,* 1858, gr. in-8, cartes, br.

987. La Haute-Marne et Chaumont. 3 vol. in-8, rel. et br.

    Carnaudet. Géographie de la Haute-Marne. 1860. — L. Jolibois. La Diablerie de Chaumont. 1838. — Histoire de la ville de Chaumont. 1856.

988. Histoire politique et religieuse de la ville de Langres. Réunion de 8 vol. in-8, br.

    Abrégé chronologique de l'histoire des évêques et du diocèse de Langres. 1808. — Recherches historiques et statistiques sur les principales communes de l'arrondissement de Langres. 1836. — Em. Jolibois. Les Chroniques de l'évêché de Langres du P. J. Viguier. 1843. — La vie et passion de Monseigneur de Saint-Didier, martir et évesque de Langres, par maistre G. Flamang, publiée par J. Carnaudet. 1855. — F. Gauthier. Notice historique sur le collège de Langres. 1856. — Chronique de l'abbaye de Notre-Dame de Longuay, par M. l'abbé Collot. 1868. — Histoire de Langres. 2 *manuscrits modernes.*

989. Le Diocèse de Langres. Histoire et statistique, par l'abbé Roussel. *Langres, J. Dallet,* 1873, 2 vol. gr. in-8 à 2 col. br.

    Ouvrage tiré à petit nombre. Tomes I et II.

990. L'Anastase de Lengres tirée du tombeau de son antiquité. Par M. Denis Gaultherot. *Lengres, J. Boudrot,* 1649, in-4, vél.

991. Joinville. Histoire de la ville et des seigneurs. 3 vol. in-8, rel. et br.

    La Joinvilléide, poème héroïque, par M. Chalette. 1838. — J. Collin. Tablettes historiques de Joinville. 1857. — Essai sur l'histoire et la généalogie des sires de Joinville (1008-1386), par J. Simonnet. 1876.

992. Les Ardennes illustrées (France et Belgique), publiées par Élizé de Montagnac. *Paris, L. Hachette,* 1868-1873, 4 vol. in-fol. planches et vignettes gravées sur bois, br.

993. Mélanges sur le département des Ardennes. Histoire, géographie. Réunion de 17 vol. et br. in-8.

    Deschamps. Moyens d'établir une communication entre la Seine et la Meuse. *An IX.* — J. Hubert. Géographie historique des Ardennes. 1856. — Carte de Mézières sur toile. — Huguenin. Histoire d'Austrasie. 1862. — Jeantin. Les Chroniques de l'Ardenne et des Woepvres ; les Marches de l'Ardenne et des Woepvres. 1851-54, 4 vol. — Aux propriétaires de bois du département des Ardennes. 1856. — Deloffre. Les prisonniers de Voncq. 1872. — Cornebois. Campagne des guides-forestiers des Ardennes, en 1870-1871. — Masson. Annales ardennaises. 1861. J. Hubert. Mélanges d'histoire ardennaise. 1876 ; etc.

994. Histoire de plusieurs villes des Ardennes. 8 vol. et br. in-8.

    Sidérius. Dinant et ses environs. 1859. — L'abbé Portagnier. Étude sur le Rethelois et l'archidiocèse de Reims. 1874. — V. Tourneur. Éloge funèbre du général Chanzy. 1884. — L'abbé Genet. Les Mazures. 1882. — Notice sur Pontyon en Partois. 1826. — Myroi. Chronique de la ville et des comtes de Grandpré. 1839. — Jeantin. Histoire du comté de Chiny. 1858, 2 vol. ; etc

995. Histoire de diverses villes ardennaises. Réunion de 22 vol. et br. in-4, in-8 et in-12.

> Lépine. Monographie de l'ancien marquisat de Montcornet. 1862. — Vincent. Les sceaux communaux de Manre. 1881. — Micqueau. Siège et destruction du château de Linchamps. 1855. — Jeantin. Ruines et chroniques de l'abbaye d'Orval. 1858. — E. Sénemaud. Les comtes et barons d'Auger. 1868. — Jadart. Nicolas Dumont, curé de Villers-devant-le-Thour. 1885. — H. Vincent. Notre-Dame des-Rosiers. — Notice historique sur Cornay. 1865. — Prémorel. Un peu de tout à propos de la Semois. 1851.

996. Ardennes. Industrie, agriculture, archéologie, administration. Réunion de 20 vol. et br. in-12 et in-8.

> Mémoires de la Société d'Agriculture. 1801. 2 numéros. — J.-N. Pache à la Société libre. — Vairin. Comparaison du système métrique définitif avec les mesures locales des Ardennes. 1802. — Instruction pour l'arpentage parcellaire. 1808. — Bouvart. Notes sur la culture des bois. 1849. — Nivoit. Notions élémentaires sur l'industrie dans le département des Ardennes. 1869. — Piette. Notice sur les coquilles ailées trouvées dans l'oolithe de l'Aisne. — Observations sur les étages inférieurs du terrain jurassique. — Notes sur le gîte des Clapes. — Mialaret. Recherches archéologiques, etc.

997. Ardennes. Annuaires, almanachs, biographies, mélanges. Réunion de 18 br. et vol. in-8 et in-12.

> Almanach des Ardennes. 1791. — Annuaire des Ardennes. 1811. — Courboulis. Annuaire des Ardennes. 1866-68. 3 vol. — H. Colin. Annuaire 1884-85, 2 vol. — Matot. Almanach. 1887. — Lefèvre-Bréart. L'Abeille ardennaise. 1851. — Notices sur M. M. Chabrol. 1791. — L'abbé Dunaime. Revin et le P. Billuart. 1858. — Hubert Colin. Biographies et chroniques populaires. 1859-1864 (séries I-III) — Rouy. Illustrations ardennaises. 1874, etc.

998. Biographie ardennaise, par l'abbé Bouillot de Couhigny. *Paris, chez Ledoyen*, 1830, 2 vol. in-8, demi-rel. bas. verte.

999. Charleville. Histoire. 14 br. in-8 et in-4.

> Jean Hubert. Histoire de Charleville. 1854. — Baux de la monnaie de Charleville, par A. Bretagne. 1879. — Histoires véritables arrivées en la personne de deux bourgeois de Charleville qui ont esté estranglez et emportez par le diable. 1874. — Masson. Enquête sur la question du travail. — Tarif des droicts de travers et pancarte de la souveraineté d'Arches, du 28 avril 1603. *Charleville*, 1616. — Diverses affiches et brochures universitaires relatives au collège de Charleville.

1000. Règlement et ordonnance pour l'administration de la justice dans l'étendue des souverainetés d'Arches, Charleville, Lumes..... etc. donné audit Charleville, le trentième octobre 1688. *Charleville, Jean Poncelet*, 1688, in-4, bas.

> Piqûres de vers.

1001. Mézières. Mélanges historiques. Réunion de 11 br. in-4 et in-8, br. et dérel.

> Avis du général Dumouriez aux habitants des Ardennes. 3 pp. in-8. — Résumé succinct de l'insurrection des habitans de Mézières contre le marché de Charleville. 1789. — Le siège de Mézières. Souvenirs de 1815. — Colin. Le siège de Mézières par les alliés. 1865. — Mialaret. Le Chemin de fer entre Laon et Mézières. 1883. — Delvincourt. Oraison funèbre de Louis XVI prononcée en 1814. (Incomplet.) — Notes sur la bénédiction des drapeaux de la garde nationale. 1790. — Ranxin aux patriotes de Mézières. 1794. — Considérations présentées aux électeurs du département des Ardennes pour délibérer sur le choix du chef-lieu, par les officiers municipaux de Mézières. 1790. — Discours prononcé à Mézières, par Saint-Vulbert, accusateur public. 1793; etc.
> Pièces en mauvais état.

1002. Givet et Vouziers. Mélanges. Réunion de 10 vol. et br. in-8 et in-12.

Lartigue et Le Catte. Givet, recherches historiques. 1868. — Adresse des ci-toyens de Givet à l'Assemblée Nationale. — Le Magnifique et superlicoquentieux festin, fait par le sieur Max. Belle-Alesne. 1731. — Mme Caruel-Dromart. Deux jours d'excursion de Givet à Han-sur-Lesse. 1872. — Mémoire pour les anciens officiers municipaux des villes des deux Givet et de Charlemont. 1790. (Signature autographe du bourgmestre et des échevins.) — Guelliot. Topographie, histoire et statistique médicales de l'arrondissement de Vouziers. 1877. — Pale. Chronologie des seigneurs de Vouziers. 1843. — Pale. Notices sur Vouziers. 1837. — Meugy et Nivoit. Statistique agronomique de Vouziers. 1873, etc.

1003. Rethel et le Rethelois. Mélanges. Réunion de 15 vol. et br. in-8.

Réglement pour les sieurs échevins gouverneurs de la ville de Retel-Mazarin. Reims, 1733 et 1734. — Mémoire pour les trois états du duché de Rethel-Ma-zarin. 1789. — Sermon de Nicolas Chesneau, Rethelois (copie manuscrite moderne en français). — Em. Jolibois. Histoire de la ville de Rethel. 1847. — Léop. De-lisle. Notice sur le cartulaire du comté de Rethel. 1867. — L'abbé Portugnier. Etude historique sur le Rethelois. 1874. — Meugy et Nivoit. Explication de la carte géologique agronomique de Rethel. 1878. — La population de Rethel. Essai de statistique. 1882. — Statistique de l'élection de Rethel en 1636, par Henry Jadart. 1884. — Guide rethelois. Années I et II ; etc.

1004. Rocroi et Attigny. Mélanges. Réunion de 10 vol. et br. in-8.

Hulot. Attigny, histoire. — Réclamations sur l'utilité d'établir à Attigny une juridiction principale de district. — Tribunal de Rocroi. Mémoire à consulter pour la commune de l'Echelle. — Moulezun. Bataille de Rocroi. 1877. — Bouil-lon. La Bataille de Rocroi, poème. 1839. — Lépine. Histoire de la ville de Rocroi. 1860 ; etc.

1005. Histoire de l'ancienne principauté de Sedan jusqu'à la fin du XVIIIe siècle, par J. Peyran. *Paris et Sedan*, 1826, 2 vol. in-8, demi-rel. bas. bleu.

1006. Histoire du pays et de la ville de Sedan, par M. l'abbé Prégnon. *Charleville*, 1856, 3 vol. in-8, plans, demi-rel. chag. vert.

1007. Sedan. Principauté de Bouillon. Bazeilles. Histoire politique et religieuse. Réunion de 46 vol. br. et br. in-8.

Le Flou. Bazeilles. — Bazeilles et Sedan. Essai sur les opérations de l'armée de Châlons. 1871. — Ozeraie. Histoire du duché de Bouillon. 1827. — Inventaire des manuscrits de l'hôtel de ville de Bouillon. — Réponse au mémoire des habitants des Hoyons et de Doyan, pour le duc de Bouillon. 1785. — Sur la mort de Monseigneur le prince de Turenne. Vers libres. *Paris, Le Monnier*, 1676, portr. — Delahaut. Annales d'Yvois-Carignan et de Mouzot. 1822. — Guyon. Princi-pauté de Sedan. 1874. — Villet. Les La Marck et les deux Turenne. 1863. — Marc Husson. La Bretèche. 1879. — L.-F. Bretèche à ses concitoyens. 1794, in-4 de 8 pp. — M. Husson. L'ossuaire de Liry. 1884. — Souvenirs d'un vieux Sedanais. 6 fascicules. — Union fédérative contractée entre la garnison et la garde nationale de Sedan. 1790. — Rouy. Le Sedan d'autrefois. 1881. — Extraits de la chronique de P. Norbert. — Sedan en 1865. 2 vol. — Sedan en 1870-1872. — Delaunay. Sedan. 1871. — L'Invasion prussienne. — Sedan pittoresque. — La Faculté de théologie protestante ; etc.

1008. Histoire de la ville et du duché de Bouillon, par J.-E. Ozeray. *Bruxelles, Van Trigt*, 1864, 2 vol. in-8, br.

1009. Explanatio uberior et omnimoda assertio excelsioris et supremi juris in ducatum et arcem Bullonicnsem pro serenissimo Maximiliano Henrico utriusque Bavariæ duce... *Leodii, Joannes Milstius*, 1681, in-4, vél.

1010. Ordonnance de Monsieur le duc de Buillon (*sic*), pour le réglement de la justice de ses terres et seigneuries souveraines de Buillon, Sedan, Jamœts, etc., avec les coutumes générales desdictes terres et seigneuries. *Paris, Robert Estienne*, 1568, in-fol. vél. blanc.

Raccommodage au titre ; le dernier f. est doublé et taché.

1011. Anciennes Ordonnaces (*sic*) des ducs de Bouillon pour le réglement de la justice de ses terres et seigneuries souveraines de Sedan, Jametz, Raucourt... avec les Coutumes générales desdites terres et seigneuries, augmentées de plusieurs ordonnances et réglemens postérieurement rendus par les princes souverains. *Sedan, Adr. Thesin*, 1717, in-4, bas.

On a ajouté sur un f. de garde la copie manuscrite d'une ordonnance d'un duc de Bouillon.

1012. Recueil des Ordonnances du duché de Bouillon, 1240-1795, par M. L. Polain. *Bruxelles, Gorbaerts*, 1868, in-fol. br.

III. HISTOIRE BELGIQUE ET DE DIVERS PAYS ÉTRANGERS

1013. Dictionnaire encyclopédique de géographie historique du royaume de Belgique... par Aug. Jourdain. *Bruxelles, Vromant*, 1868-69, in-8 à 2 col. cartes, demi-rel. v. gris avec coins.

1014. La Belgique ancienne et ses origines gauloises, germaniques et franques, par H.-G. Moke. *Paris, Aug. Durand*, 1855, in-8, carte, cart. non rog.

1015. Histoire générale de la Belgique depuis la conquête de César, par M. Dewez. *Bruxelles, J. Tarte*, 1805-1807, 7 vol. in-8, demi-rel. bas.

1016. Belgique. Ouvrages historiques. 15 vol. et 5 brochures.

Description de la Gaule Belgique, par le Père Charles Wastelain. 1788, in-8, bas. — Le Livre des fiefs du comté de Looz sous Jean d'Arckel, publié par C. de Borman. 1875, in-8, br. — Chronique de l'abbaye de Saint-Hubert dite Cantatorium, traduite par de Rohaulx de Soumoy. 1847, in-8, br. — Histoire de Liège, par De Gerlache. 1843, in-8, demi-rel. chag. viol. — Histoire ecclésiastique de l'ancien diocèse de Liège, par Ch. Pollet. 1860, 2 vol. in-12, br. — Répertoire chronologique des conclusions capitulaires du chapitre cathédral de Saint-Lambert à Liège, par M. S. Bormans. 1869, tome Ier, in-8, br. — Les Seigneuries allodiales du pays de Liège par Stanislas Bormans. 1887, in-8, br. — Histoire du comté de Namur, par Jules Borgnet. In-12, demi-rel. chag. v. etc.

1017. Collection de chroniques belges inédites, publiée par ordre du gouvernement. *Bruxelles*, 1869-1877, 5 vol. in-4, cart.

Monuments pour servir à l'histoire des provinces de Namur, de Hainaut et de Luxembourg, tome II ; Cartulaire de l'abbaye de Cambron, publié par J.-J. de Smet, tome III ; Cartulaires de Hainaut ; Correspondance du cardinal de Granvelle, publiée par M. Edm. Poullet.

1018. Commission royale pour la publication des anciennes lois et ordonnances de la Belgique. Procès-verbaux des séances. *Bruxelles*, 1848-1864, 5 vol. in-8, br.

1019. Histoire des comtes de Flandre, jusqu'à l'avènement de la maison de Bourgogne, par Edward Le Glay. *Paris*, 1843, 2 vol. in-8, chag. noir, tr. dor.

1020. Annales de Flandres de P. d'Oudegherst, enrichies de notes grammaticales, historiques et critiques, par M. Lesbroussart. *Gand*, 1789, s. d. 2 vol. in-8, demi-rel. bas.

1021. Recueil de différentes coutumes particulières telles que du bailliage de Tournay, Mortaigne, Saint-Amand, de la Gouvernance, de Douay, de la seigneurie de Rume, de l'eschevinage de Tournay, du terroir de Saint-Amand, de la cour féodale du château de Courtray, de la ville de Tenremonde, de la Chatelenie de Courtray; les réglemens et les arrests touchant les procédures desdits lieux, etc. *S. l. n. d.* 2 vol. in-fol. v. ant. marb.

> MANUSCRIT du commencement du XVIIIe siècle, composé de 718 ff. numérotés, divisé en 2 volumes.

1022. Histoire du comté de Hainaut, par le baron de Reiffenberg. *Bruxelles*, s. d. 3 tomes en 1 vol. in-12, fig. demi-rel. bas. viol.

1023. Histoire ecclésiastique et profane du Hainaut, par M. l'abbé Hossart. *Mons, Lelong*, 1792, 2 vol. in-8, br.

1024. Recherches sur le Hainaut ancien, du VIIe au XIIe siècle, par Ch. Duvivier. *Bruxelles, Olivier*, 1866, 1 tome en 2 vol. in-8, cartes, br.

1025. Cartulaire des rentes et cens dus au comte de Hainaut (1265-1286) édité d'après le manuscrit original par Léop. Devillers. *Mons*, 1873, 2 vol. in-8, br.

1026. Hainaut. Ouvrages historiques. 5 vol.

> Cartulaire des rentes et cens dus au comte de Hainaut. *Mons*, 1873, in-8 (tome Ier). — Mémoires des intendants de la Flandre et du Hainaut français sous Louis XIV. *Lille*, 1868, in-8, br. — Sénac de Meilhan et l'intendance du Hainaut et du Cambresis sous Louis XVI. 1868, in-8, br. — Mémoires et publications de la Société des sciences, des arts et des lettres du Hainaut. 1857, in-8, br.; etc.

1027. Histoire du comté de Namur, par le Père Jean-Bap. de Marne, de la compagnie de Jésus. *Liége et Bruxelles*, 1754, in-4, v. ant. marb.

1028. Histoire générale, ecclésiastique et civile de la ville et province de Namur, par M. Galliot. *A Liége et se vend à Bruxelles, chez Lemaire*, 1788-1791, 6 vol. in-12, demi-rel. bas.

1029. Documents inédits relatifs à l'histoire de la province de Namur, publiés par ordre du Conseil provincial. *Namur*, 1867-1880, 9 vol. in-8, br.

> Cartulaire de la commune de Fosses. — Cartulaire de la commune de Ciney. — Cartulaire de la commune de Namur. Tomes I et III. — Cartulaire de la commune de Couvin. — Cartulaire des petites communes. — Cartulaire de la commune de Dinant.

1030. Historia Luxemburgensis, seu commentarius quo ducum Luxem-
burgensium ortus, progressus, ac res gestæ continuata serie ab ipso
primario initiatore usque ad præsentem illustris. archiducem Alber-
tum accurate describuntur..... Omnia studio et opere D. Joannis
Bertelii. *Coloniæ, apud Conradum Butgenium,* 1605. — Oratio de vita
et morte illustrissimi et potentissimi principis ac domini, domini
Ludovici senioris Ilessiæ landgravii..... Scripta et recitata ab H.
Vultejo. *Marpurgi, P. Egenolph,* 1605. — Ens. 2 ouvrages en 1 vol.
in-4, peau de truie, comp. et orn. à froid. (*Reliure datée de* 1562.)

> Piqûres de vers.

1031. Histoire ecclésiastique et civile du duché de Luxembourg et
comté de Chiny, par le R. P. Jean Bertholet. *Luxembourg, André Chevallier,* 1741-43, 8 vol. in-4, front. et pl. cart. non rog.

> Savant ouvrage estimé et recherché.

1032. Luciliburgensia, sive Luxemburgum romanum. Hoc est Arduennæ
veteris situs, populi, loca prisca, ritus, sacra..... investigata atque
a fabulâ vindicata..... a R. P. A. Wilthemio, opus posthumum a med.
D. Aug. Neyen in lucem editum. *Luxemburgi, Kuborn,* 1842, 2 parties
en 1 vol. in-4, pl. cart. non rog.

> La seconde partie contient les planches.

1033. Pays-Bas et Luxembourg. Mélanges. Réunion de 13 vol. in-4 et
in-8, br.

> Coutumes générales des Pays duché du Luxembourg et comté de Chiny. — Liste
> chronologique des édits et ordonnances des Pays-Bas autrichiens de 1700-1790.
> 3 vol. 1851 1858. — Notices et extraits des manuscrits de la Bibliothèque dite de
> Bourgogne, relatifs aux Pays-Bas. 1829 (Ire partie). — Publication de la Société
> pour la recherche des monuments historiques dans le Luxembourg. 1843-1848
> (années I-IV). — Monuments pour servir à l'histoire des provinces de Namur, de
> Hainaut et de Luxembourg, par le baron de Reiffenberg. 1844 (tome I). — De
> Kessel. Armorial luxembourgeois. 1868. — Annuaire de la noblesse et des familles
> patriciennes des Pays-Bas. 1871 (Ire année). — Nobiliaire des Pays-Bas. 1861.

1034. Historiæ Lossensis libri decem. Authore R. Patre Joanne Man-
telio, cui adjuncta Diplomata Lossensia, privilegia, paces, etc., labore et studio Laurentii Robyns. *Leodii, Alex. Barchon,* 1717, 3 parties
en 1 vol. in-4, bas. ant.

1035. Histoire du Limbourg, suivie de celle des comtés de Daelhem et
de Fauquemont, des annales de l'abbaye de Rolduc, par M. S-.P.
Ernst, publiée par M. Ed. Lavalleye. *Liège, Collardin,* 1837-1840,
5 tomes en 2 vol. in-8, demi-rel. v. br. avec coins.

> Envoi de M. Lavalleye à Michelet.

1036. Recherches sur l'histoire de la ci-devant principauté de Liège
(par le baron de Vilenfagne d'Ingihoul). *Liège, P.-J. Collardin,* 1817,
2 vol. in-8, demi-rel. chag. viol.

1037. Coutumes du pays de Liège, par J. Raikem et M. L. Polain.
Bruxelles, Fr. Gobbaerts, 1870, in-4, br.

> Tome I.

1038. Liste chronologique des édits et ordonnances de la principauté
de Liège de 1507 à 1794. *Bruxelles*, 1851-1860, 2 vol. in-8, br.

1039. Biographie liégeoise, ou Précis historique et chronologique de
toutes les personnes qui se sont rendues célèbres dans l'ancien diocèse et pays de Liège, par le Cte de Becdelièvre. *Liège, Jeune-
homme*, 1836, 2 vol. in-8, br.

1040. Histoire du pays de Chimay, par G. Hagemans, *Bruxelles, Olivier*,
1866, 2 vol. in-8, cartes, br.

1841. Collection de tombes, épitaphes et blasons recueillis dans les
églises et couvents de la Hesbaye, auxquels on a joint des notes
généalogiques..... par le Bon L. de Herckenrode. *Gand*, 1848, in-8,
fig. de blasons, br.

1042. Lobbes, son abbaye et son chapitre, ou Histoire complète du
monastère de Saint-Pierre à Lobbes et du chapitre de Saint-Ursmer
à Lobbes et à Binche, avec cartes, vues et portraits. *Louvain, Pœters*,
1865, 2 tomes en 1 vol. in-8, fig. demi-rel. v. r. dos orné, ébarbé.

1043. Histoire des choses plus mémorables advenues depuis l'an onze
cens xxx iusques a nostre siècle, digérées selon le temps et ordre
qu'ont dominé les seigneurs d'Enghien, terminez ès familles de
Luxembourg et de Bourbon, par Pierre Colins. *A Mons*, 1634, in-4, vél.

1044. L'Histoire du règne de l'empereur Charles-Quint, par M. Robert-
son, ouvrage traduit de l'anglois. *Amsterdam et Paris*, 1771, 2 vol.
in-4, v. vert, dos et comp. de mar. r. dent. tr. dor.

1045. Extraits des comptes et mémoriaux du roi René, par A. Lecoy
de La Marche. *Paris, Picard*, 1873, in-8, br.

1046. Scriptores rerum germanicarum præcipue saxonicarum.....
Ex sua bibliotheca aliisque edidit Jo. Burchardus Menckenius. *Lipsiæ, Jo. Chr. Martinus*, 1728-1730, 3 vol. in-fol. portr. front. et pl.
demi-rel. bas.

Ouvrage recherché et rare.

1047. Monumenta Germaniæ historica, edidit H. Pertz. *Hannoveræ*,
1874, in-fol. fac-similé, en feuilles.

Tome XXIII.

1048. Grande Chronique de Matthieu Paris, traduite en français par
A. Huillard-Bréholles, accompagnée de notes, etc., par M. le duc de
Luynes. *Paris, Paulin*, 1840-1841, 9 vol. in-8, demi-rel. bas. verte.

1049. Histoire de Marie Stuart, par J.-M. Dargaud. *Paris, Firmin
Didot*, 1850, 2 vol. in-8. — Recherches historiques et critiques sur
Marie Stuart, par Will. Tytler. *Paris, Amyot*, 1860, 1 vol. — Ens.
3 vol. in-8, br.

1050. Histoire de Guillaume III, roy d'Angleterre, d'Écosse, de France et d'Irlande, prince d'Orange, etc... par médailles, inscriptions, etc. recueillies par N. Chevallier. *Amsterdam*, 1692, pet. in-fol. front. et nombr. fig. gr.

 Quelques taches.

1051. Histoire des États-Unis, par Ed. Laboulaye. Troisième édition. *Paris, Charpentier*, 1868, 3 vol. in-12, demi-rel. v. f.

IV. NOBLESSE

1052. Dissertations historiques et critiques sur la chevalerie ancienne et moderne, par le R. P. Honoré de Sainte-Marie. *Paris, Nic. Pepie*, 1718, in-4, pl. cart.

1053. Mémoires sur l'ancienne chevalerie (par M. de La Curne de Sainte-Palaye). *A Paris, chez la veuve Duchesne*, 1781, 3 vol. in-12, bas.

 Ce travail est une œuvre savante, pleine de recherches curieuses sur nos vieilles institutions.

1054. Histoire des chevaliers Templiers et de leurs prétendus successeurs, par Elizé de Montagnac. — Histoire des chevaliers hospitaliers de Saint-Jean de Jérusalem (par le même). — *Paris, Aug. Aubry*, 1863-1864. — Ens. 2 vol. pet. in-8, br.

1055. Ordre de Malte. Les Commanderies du grand prieuré de France, d'après les documents inédits, par E. Mannier. *Paris, Aug. Aubry et Dumoulin*, 1872, 2 vol. in-8, br.

1056. Mémoires historiques concernant l'ordre royal et militaire de Saint-Louis et l'institution du Mérite militaire (par Meslin). *Paris, Impr. royale*, 1785, in-4, v. ant. marb. fil.

1057. Histoire de l'ordre royal et militaire de Saint-Louis depuis son institution en 1693 jusqu'en 1830, par Alex. Mazas et Th. Anne. *Paris, Firmin Didot*, 1860-1861, 3 vol. in-8, br.

1058. Fastes de la Légion d'honneur, par MM. Lievyns, Verdot, Bégat. *Paris*, 1843-1847, 5 vol. gr. in-8, demi-rel. bas.

1059. Traité de la noblesse et de toutes ses différentes espèces. Nouvelle édition, augmentée des Traités du blason, des armoiries de France, de l'origine des noms, surnoms et du ban et arrière-ban, par M. de La Roque. *A Rouen, chez P. Le Boucher*, 1734, in-4, v. ant. marb.

 Le titre est refait à la plume.

1060. Dictionnaire de la noblesse (par Fr.-Alex. Aubert de La Chesnaye des Bois). *Paris, veuve Duchesne*, 1770-1775, 10 vol. in-4, v. ant. marb.

 Ouvrage devenu rare et recherché, la majeure partie des exemplaires ayant été détruits pendant la Révolution.

1061. Sommaires détaillés des généalogies des familles mentionnées dans les tomes XIII, XIV et XV de La Chesnaye des Bois. *Paris, Aug. Aubry*, 1863, in-4, br.

Taches d'humidité.

1062. Dictionnaire véridique des origines des maisons nobles ou anoblies du royaume de France, contenant aussi les vrais ducs, marquis, comtes, vicomtes et barons, par M. Lainé. *Paris, Arthus Bertrand*, 1818-19, 2 vol. in-8, demi-rel. bas. avec coins.

Tomes I et II, seuls parus.

1063. Dictionnaire universel de la noblesse de France... par M. de Courcelles. *Paris*, 1820-22, 5 vol. in-8, demi-rel. bas.

1064. Trésor généalogique, ou Extraits des titres anciens qui concernent les maisons et familles de France et des environs, connues en 1400, par dom Caffiaux. *Paris, Pierres*, 1777, in-4, br.

Tome I, A-BEA seul paru. La suite, composée par D. Villevieille, se trouve en manuscrit à la Bibliothèque Nationale.

1065. Noms féodaux, ou Noms de ceux qui ont tenu fiefs en France dans les provinces d'Anjou, Aunis, Auvergne, Beaujolois, Berry, Bourbonnois, Forez, Lyonnois, Maine, Saintonge, Marche, Nivernois, Touraine, partie de l'Angoumois et du Poitou, depuis le xiie siècle jusque vers le milieu du xviiie siècle, extraits des Archives du Royaume, par dom Betencourt. Deuxième édition. *Paris, Schlesinger*, 1867-68, 4 vol. in-8, br.

Légères taches d'humidité.

1066. Tablettes historiques, généalogiques et chronologiques. *Paris, Legras*, 1753, pet. in-12, mar. r. tr. dor. (*Rel. anc.*)

Quatrième et dernière partie, contenant la suite des terres érigées en titre de marquisat, comté, vicomté et baronie, avec un dictionnaire héraldique.

1067. Histoire de la noblesse. Art du Blason. — Réunion de 14 vol. in-8, rel. et br. et environ 20 pl. de blasons, in-4, en feuilles.

Chérin. La Noblesse considérée sous ses divers rapports. 1788. — De Felcourt. Des titres de noblesse et des noms dits nobiliaires. 1867. — Laigne. Recherches historiques sur l'origine de la noblesse. 1815. — Dulaure. Histoire critique de la noblesse. 1790. — Pol de Courcy. Les Usurpations nobiliaires. 1859. — Dictionnaire des ennoblissements. 1788. — Le Chartrier français, 2e, 3e et 4e années. — Dictionnaire des ennoblis. Supplément au chartrier français. — Dictionnaire des ennoblissements, par Louis Paris, 1869, 2 parties; etc.

1068. Liste des noms des ci-devant nobles... avec des notes sur leurs familles (par Dulaure). Seconde édition. *Paris, Garnery*, 1791, 3 parties en 1 vol. in-8, demi-rel. bas.

1069. État actuel de la Pairie de France, ou Notices historiques et généalogiques... Extrait de l'Histoire généalogique et héraldique des pairs de France, des grands dignitaires de la couronne... etc. Par M. le chevalier de Courcelles. *Paris, Plassan*, 1826, 3 vol. in-4, demi-rel. bas.

1070. La Noblesse de France aux Croisades, publié par P. Roger. *Paris, Dumoulin*, 1845, in-8, front. et fig. hors texte sur chine, chag. noir, fil. tr. dor. (*Armoiries.*)

1071. Les Nobles et les Vilains du temps passé, ou Recherches critiques sur la noblesse et les usurpations nobiliaires, par Alph. Chassant. *Paris, Aug. Aubry*, 1857, in-12, demi-rel. chag. vert.

> On a ajouté : De la noblesse actuelle en France, par Sènemaud aîné. *Paris, Aubry*, 1857, 34 pp. et un article de journal : *Des usurpations de titres nobiliaires.*

1072. Histoire générale de la noblesse de France, 12 vol. in-8 et in-12, blasons, rel. et br.

> Amédée Renée. Les Princes militaires de la Maison de France. — Christian. Chronologie militaire de la France. 1857 (tome I). — Saint-Allais. De l'ancienne France. 1833. — D'Hozier. Indicateur du grand armorial général. 1866, 2 tomes en 1 vol. — Annuaire historique de l'ancienne noblesse de France, par M. de Saint-Allais. — De Soyecourt. Notions sur l'ancienne noblesse. 1855. — D'Horigny. Le Héraut de la noblesse de France. 1875. — Etat général de la noblesse de France en 1789. Tome X des Souvenirs de la marquise de Créquy. 1840. — Calendrier des princes et de la noblesse (1762 et 1765). — Étrennes de la noblesse, etc.

1073. Le Héraut d'armes, revue illustrée de la noblesse. *Paris*, 1863, in-8 à 2 col. fig. demi-rel. bas. verte.

> Tome I. Novembre 1861 à janvier 1863.

1074. Annuaire de la noblesse de France et des maisons souveraines de l'Europe, publié par M. Borel d'Hauterive. *Paris*, 1844-1884, 34 vol. in-12, fig. br. et en demi-rel.

> Manquent les années : I (1843); XI (1854); XII (1855); XV (1858); XXVIII (1871-1872); XXXIV (1878); et XXXVI (1880).

1075. Revue historique de la noblesse, publiée par M. André Borel d'Hauterive. *Paris*, 1841, 2 vol. in-8 (tomes I et II), fig. de blasons, demi-rel. v. f. fil. tr. marb.

1076. Revue historique de la noblesse, publiée par M. André Borel d'Hauterive. *Paris*, 1841, in-8, fig. de blasons, demi-rel. v. bleu.

> Tome I.

1077. Revue Nobiliaire, héraldique et biographique, fondée par M. Bonneserre de Saint-Denis. Recueil de mémoires et documents publié sous la direction de M. L. Sandret. *Paris, J.-B. Dumoulin*, 1862 à 1880, en fascicules in-8.

> Les 2 premiers volumes sont en demi-rel. chag. vert avec coins, dos orné; à partir du tome III (1865), toute la collection est en fascicules; l'année 1870-1871 est en double.

1078. Légendaire de la noblesse de France, par le comte O. de Bessas de La Mégie. *Paris, Librairie centrale*, 1865, gr. in-8, demi-rel. chag. vert, plats toile, tête dor. non rog.

1079. Notice sur quelques anciens titres, suivie de Considérations sur les Salles des Croisades au musée de Versailles, par le comte de Delley de Blancmesnil. *Paris, Delaroque aîné*, 1866, in-4, br.

1080. Nouveau Traité de blason, ou Science des armoiries, par Victor Bouton. *Paris, Garnier*, 1863, in-8, fig. demi-rel. bas.

1081. La Science du Blason, accompagnée d'un armorial général de familles nobles de l'Europe, publiée par M. le vicomte de Magny. *Paris, Aug. Aubry*, s. d. gr. in-8, figures de blasons, demi-rel. chag. viol.

1082. H. Gourdon de Genouillac. Ouvrages héraldiques. *Paris, E. Dentu*, 1860-1862, 3 vol. dont 2 vol. in-8 en demi-rel. et 1 vol. in-12, br.

> Grammaire héraldique. — Recueil d'armoiries des maisons nobles de France. — Dictionnaire des fiefs.

1083. Dictionnaire héraldique, par M. Charles Grandmaison et Cherin, publié par M. l'abbé Migne. *Paris, Migne*, 1852, gr. in-8, à 2 col. planches, demi-rel. bas.

1084. An Introduction to heraldy, containing the origin and use of arms, etc. by Hugh Clark. *London, Henry Washbourne*, 1838, in-12, nombr. pl. en couleur, cart. perc.

1085. Armorial de France, Angleterre, Écosse, Allemagne, Italie et autres puissances, composé, vers 1450 par Gilles le Bouvier, dit Berry, publié par M. Vallet de Viriville. *Paris, Bachelin-Deflorenne*, 1866, in-8, demi-rel. chag. r. fil. tête dor. ébarbé.

> On a ajouté à ce volume : Catalogue de la noblesse des colonies, publié par MM. L. de La Roque et Ed. de Barthélemy. *Paris, Dentu*, 1865. — Catalogue de certificats de noblesse délivrés par Chérin pour le service militaire, 1781-1789, publié par MM. L. de La Roque et Ed. de Barthélemy. *Paris, Dentu*, 1864.

1086. César Armorial, recueil des noms, armes et blasons de toutes les illustres, principales et nobles maisons de France, par C. D. G. P. (César de Grand-Pré). *Paris, Le Gras et Bobin*, 1654, in-8, figures de blasons, bas.

> Les 5 pl. de fig. que contient ce volume ne sont pas des blasons de personnages, mais des types donnant l'explication des termes héraldiques.

1087. L.-P. d'Hozier et d'Hozier de Sérigny. Armorial général des registres de la noblesse de France, résumé et précédé d'une notice sur la famille D'Hozier, par Ed. de Barthélemy. *Paris, E. Dentu*, 1867, in-8, br.

1088. ARMORIAL GÉNÉRAL, ou registres de la noblesse de France, par L. P. d'Hozier et d'Hozier de Sérigny. Reproduction textuelle de l'édition originale de 1738-68. *Paris, Firmin Didot*, 1872, 25 parties in-4, fig. de blasons, br.

1089. Indicateur nobiliaire ou table alphabétique des noms des familles nobles susceptibles d'être enregistrées dans l'Armorial général de feu M. d'Hozier, dont une nouvelle édition est sous presse. *Paris, impr. Doublet*, 1818, in-8, br.

1090. Armorial historique de la noblesse de France, recueilli et rédigé par un comité, publié par Henri-J.-G. de Milleville. *Paris, Amyot*, *s. d.* in-8, fig. et blasons, demi-rel. chag. La Vall. plats toile.

1091. Armorial de la fin du xvie siècle. Ile-de-France, Ponthieu, Boulonnais et Champagne. Manuscrit de Waignart, publié par le comte Le Clerc de Bussy. *Amiens*, 1879, in-4, pl. fac-similé en couleur, br.

1092. Bibliothèque héraldique de la France, par Joannis Guigard. *Paris, Impr. impér.* 1861, in-8 à 2 col. br.

1093. Le Blason de France, ou Notes curieuses sur l'édit concernant la police des armoiries, par Thibault Cadot, dédié au roy. *Paris, de Sercy*, 1697, in-8, front. et fig. v. ant. marb.

Ouvrage intéressant donnant avec figures toute la théorie du blason.

1094. La France héraldique, par Ch. Poplimont. *Saint-Germain, Heulte*, 1873-75, 8 vol. in-8, br.

Le tome I est de la réimpression de 1875.

1095. Armorial de différentes provinces de France, 11 vol. in-8, br.

De La Roque. Armorial du Languedoc. *Paris*, 1866 (tome I). — Gourdon de Genouillac. Nobiliaire des Bouches-du-Rhône. *Paris, Dentu*, 1863. — Tourtoulon. Notes pour servir à un nobiliaire de Montpellier. *Montpellier*, 1836. — Bonneau. Armorial des maires de Niort. *Niort*, 1866. — Briant de Laubrière. Armorial de Bretagne. *Paris, Dumoulin*, 1844. — Armorial du Pas-de-Calais. *Paris, Aubry, s. d.* Ch. d'Hozier. Armorial de la Franche-Comté et de Bourgogne, publié par Bouchot. — De Keyssel. Livre d'or de la noblesse Luxembourgeoise. *La Haye*, 1869 ; etc.

1096. Recueil de la noblesse de Bourgogne, Limbourg, Luxembourg, Gueldres, Flandre, Artois, Haynau... et autres provinces de Sa Majesté Catholique... par J. Leroux. *Lille*, 1715, in-4, v. br. avec coins, tr. marb.

1097. Noblesse et chevalerie du comté de Flandres, d'Artois et de Picardie, publié par P. Roger. *Amiens*, 1843, gr. in-8, fig. et planches de blasons, demi-rel. chag. r. lil. tr. peigne.

1098. Nobiliaire de Normandie, publié sous la direction de E. de Magny. *Paris, Aug. Aubry, s. d.* gr. in-8, fig. demi-rel. v. r. tête dor.

1099. Nobiliaire de Ponthieu et de Vimeu, par le marquis de Belleval. Deuxième édition. *Paris, Bachelin*, 1876, in-4 à 2 col. br.

1100. Armorial du Poitou et état des nobles réservés dans toutes les élections de la généralité, suivi de la carte onomatographique des

maisons nobles du Poitou, etc., publié par A. Goujet. *Niort, Clouzot,*
1866, 1 vol. (*papier de Hollande*). — État du Poitou sous Louis XIV,
par Charles Colbert de Croissy. — Catalogue des nobles, dressé par
J.-H. Barentin. — Liste des condamnés comme faux nobles, mémoire de Maupeou d'Ableiges... etc. annotés et publiés par Ch. Du-
gast-Matifeux. *Fontenay-le-Comte, Robuchon,* 1865. — Ens. 2 vol.
in-8, br.

1101. Nobiliaire de Guienne et de Gascogne, suivi d'un traité héraldique sous forme de dictionnaire par M. O'Gilvy et J. de Bourrousse
de Lafforc. *Bordeaux, G. Gounouilhou,* 1856-1860, 3 vol. gr. in-8,
planches d'armoiries en chromolith. demi-rel. chag. bleu.

1102. Armorial de la noblesse du Languedoc. Généralité de Montpellier, par M. Louis de La Roque. *Montpellier, Séguin,* 1860, 2 vol. in-8,
fig. de blasons, br.

1103. Armorial historique du diocèse et de l'état d'Avignon, par Henry
Reynard-Lespinasse. *Paris,* 1874, in-4, fig. de blasons, br.

1104. Critique du nobiliaire de Provence, composé par M. l'abbé Robert de Briançon, contenant l'épurement de la noblesse du pays, la
différence entre les nobles, les notes sur les familles nobles, etc. *S. l.
n. d.* in-fol. v. ant. marb.

> MANUSCRIT du siècle dernier sur papier, contenant des notices curieuses sur l'an-
> cienne noblesse de la Provence et sur les anoblis.
> Fortes taches d'humidité au titre.

1105. Nobiliaire toulousain. Inventaire général des titres probants de
noblesse et de dignités nobiliaires, par Al. Bremond. *Toulouse, Bon-
nal et Gibrac,* 1863, 2 vol. in-8, br.

1106. Nobiliaire du département de l'Ain, XVIIe et XVIIIe siècles, Bugey
et pays de Gex, par Jules Baux. *Bourg-en-Bresse, Martin-Bottier,* 1864,
in-8, demi-rel. chag. bleu.

1107. Inventaire des Archives dauphinoises, par M. Henry Morin-Pons,
rédigé et publié par MM. Chevalier et André Lacroix. Dossiers généalogiques A-G. *Lyon, Louis Perrin,* 1878, in-8, br.

> Tiré à petit nombre.

1108. Louis de La Roque et Ed. de Barthélemy. Catalogue des gentilshommes de Lorraine, de Champagne, de Picardie, d'Artois, Flandre
et Hainaut, Poitou, Marche et Limousin, Périgord. *Paris, E. Dentu et
Aug. Aubry,* 1863-1865, 9 fascicules in-8, br.

1109. Ancienne chevalerie de Lorraine, ou Armorial historique et généalogique des maisons qui ont formé ce corps souverain. Avec un
discours préliminaire et d'autres éclaircissements, par Jean Cayon.
Nancy, Cayon-Liébault, 1850, in-4, front. fig. et blasons, cart. non
rog.

B

1110. Nobiliaire de Lorraine et de Barrois, ou Dictionnaire des familles anoblies et leurs alliances d'après l'Armorial général de Dom Pelletier, par Félix Collin de Paradis. *Nancy*, 1878, in-8 à 2 col. br.

> Envoi d'auteur.

1111. Le Simple Crayon utile et curieux de la noblesse des duchés de Lorraine et Bar et des duchés de Metz, Toul et Verdun... par le sieur Math. Husson. In-fol. v. ant. marb.

> Manuscrit du xviiie siècle sur papier, composé de 240 ff. Copie de l'édition de 1674.

1112. Le Simple Crayon utile et curieux de la noblesse des duchés de Lorraine et de Bar et des éveschez de Metz, Toul et Verdun, par le sieur Mathieu Husson, 1674. *Nancy, Cayon-Liébaut*, 1837, in-4, titre gr. pl. contenant 348 blasons, cart.

> Tiré à 50 exemplaires.

1113. Le Palais de l'honneur, contenant les généalogies historiques des illustres maisons de Lorraine et de Savoye & de plusieurs nobles familles de France. Ensemble l'origine & explication des armes, devises, etc. par le P. Anselme (dit P. de Guibours). *Paris, Pierre Bessin*, 1663, in-4, front. fig. de blasons, bas.

1114. Annoblis tant du duché de Lorraine que de celui de Bar, par le duc René, avec le blason de leurs armes à commencer depuis 1382 (par M. Chevrier). *Liège. F. de Soer*, 1753, in-12, demi-rel. v. br.

1115. Armorial de la généralité d'Alsace. Recueil officiel dressé par les ordres de Louis XIV, et publié pour la première fois. *Paris, Aug. Aubry*, 1861, in-8, br.

1116. Tables généalogiques des maisons souveraines de l'Europe, par M. de Koch. *Strasbourg*, 1782, in-4, demi-rel. bas. r. non rog.

1117. Histoire généalogique des maisons souveraines de l'Europe, avec des tables généalogiques et des planches en taille-douce. Par M. V*** (Viton de Saint-Alais). *Paris*, 1811-12, 2 vol. in-8, fig. et 1 vol. de tables, br.

1118. Archives généalogiques et historiques de la noblesse de France, ou Recueil de preuves, mémoires et notices publiés par M. Lainé. *Paris*, 1828, 5 vol. in-8, fig. br. le tome II en demi-rel. bas.

> Tomes I, II, V, VI et VII. Ces volumes forment chacun séparément un tout complet. Le tome VI contient le nobiliaire de Champagne; le tome VII, celui d'Auvergne.

1119. Histoire généalogique de certaines familles de France et autres. 17 vol. ou br. in-8 et in-4.

> Familles de : Grignols-Talleyraud. *Paris*, 1836. — Lusignan. *Paris*, 1853. — Hamilton. *Paris*, s. d. — Toucheboeuf. *Manuscrit* de 4 ff. — Raimond-Modéuc. — La Tour du Pin. *Paris*, 1861. — Castillon. — Des Armoises. *Paris*, 1877. — Orchimont. *Liège*, 1877. — Henin de Cuvilliers. *Paris*, 1789. — Viry de Viry. *Paris*, 1864. — Rabutin. *Dijon*, 1866. — Béarn. *Paris*, 1862. — Bruce. *Paris*, 1865. — Esquisses généalogiques concernant un grand nombre de familles alliées entre elles. *Paris, Dumoulin*, 1863.

1120. Histoire généalogique de la maison des Chasteigniers, seigneurs de La Chasteigneraye, de La Rochepozay, de Saint-Georges de Rexe, de Lindoys et de La Rochefaton... par André Du Chesne. *Paris, Sébastien Cramoisy*, 1624, 3 parties en 1 vol. in-fol. pl. de blasons, bas. ant. (*Armoiries sur les plats.*)

Le titre est refait à la plume; au milieu, un grand blason colorié. Exemplaire fortement taché.

1121. Histoire des maisons de Dreux, de Bar-le-Duc, de Luxembourg et de Limbourg, du Plessis de Richelieu, de Broyes et de Chasteauvillain, par André Du Chesne. *Paris*, 1631, in-fol. fig. de blasons, v. br. ant. fil.

Exemplaire aux armes de la famille de Forbin. Le titre manque.

1122. Histoire généalogique de la maison de La Tremoille, iustifiée par chartes d'églises, arrêts du Parlement, etc. par Monsieur de S. Marthe. *Paris, Siméon Piget*, 1667, in-12, v. ant. gr.

1123. Extrait de la généalogie de la maison de Mailly, suivi de l'histoire de la branche des comtes de Mailly, marquis d'Haucourt et de celles des marquis du Quesnoy, dressé sur les titres originaux sous les yeux de M. de Clairambaut. *Paris, Ballard*, 1757, in-fol. titre gravé et ornementé, tableaux généalogiques, planches de blasons grav. v. ant. marb.

Exemplaire avec des maillets sur le dos de la reliure.

1124. Histoire de la maison de Rochechouart, par le général comte de Rochechouart (Louis-Victor-Léon). *Paris, Allard*, 1859, 2 tomes en 1 vol. in-4, papier vélin, planches de blasons coloriées, chag. vert, ébarbé.

Ouvrage rare, non mis dans le commerce.
Le faux titre et une planche sont détachés.

1125. La Belgique héraldique. Recueil historique, chronologique, généalogique et biographique complet de toutes les maisons nobles reconnues de la Belgique, par Ch. Poplimont. *Bruxelles*, 1863-1867, 11 vol. in-8, demi-rel. chag. viol. tête dor.

1126. Miroir des nobles de Hasbaye, composé en forme de chronique par Jacques de Hemricourt, l'an M. CCC. LIII. où il traite des généalogies de l'ancienne noblesse de Liège & des environs, depuis l'an 1102 jusques en l'an 1398, mis du vieux, en nouveau langage par le sieur de Salbray. *Bruxelles, Henry Fricx*, 1673, in-fol. à 2 col. front. fig. et blasons, v. ant. gr.

Texte avec traduction en regard.
Édition rare et estimée contenant plus de 2000 blasons.

1127. Nobiliaire des Pays-Bas et du comté de Bourgogne, contenant les villes, terres et seigneuries érigées en titre de principauté, duché, marquisat, comté, etc... depuis le règne de Philippe le Bon... jusqu'à la mort de l'empereur Charles VI, par M. D*** S. D. H. (de

Vegiano, seigneur d'Hauvel). *Louvain, Jean Jacobs*, 1760, 2 parties en
1 vol. — Supplément au Nobiliaire, 1420-1555. *Louvain*, 1765, 1 vol.
— Suite du supplément, 1555-1762. *Malines*, 1779, 5 parties en 2 vol.
— Ens. 4 vol. in-8, 3 en demi-rel. bas. et 1 br.

1128. Liste des titres de noblesse, chevalerie et autres marques d'honneur accordées par les souverains des Pays-Bas depuis l'année 1659
jusqu'à la fin de 1782. *Bruxelles, Ermens*, 1784, in-8, v. ant. marb.

1129. Recueil généalogique de familles originaires des Pays-Bas ou y
établies (par Dumont). *Rotterdam*, 1775, in-8, bas. ant.

1130. Les Écossais en France, les Français en Écosse, par Francisque
Michel. *Paris, A. Franck*, 1862, 2 vol. in-8, fig. demi-rel. mar. br.
dos orné, tr. marb.

V. ARCHÉOLOGIE, HISTOIRE LITTÉRAIRE, BIOGRAPHIE

1131. Hieronymi Mercurialis Foroliviensis de arte gymnastica libri
sex : in quibus exercitationum omnium vetustarum genera, loca,
modi, facultates, et quidquid denique ad corporis humanis exercitationes pertinet diligenter explicatur. Editio novissima, et figuris
Ch. Coriolani exornata. *Amstelodami, Andrea Frisius*, 1672, in-4,
front. fig. mar. citron. (*Rel. anc.*)

> Ouvrage orné de figures fort curieuses.
> Reliure remboîtée et fortement réparée, aux armes de TALLEMANT DES RÉAUX.
> Ces armoiries sont rapportées d'une reliure en v. f.

1132. De Caumont. Abécédaire, ou rudiment d'archéologie (architecture religieuse, civile et militaire), 2. vol. — Histoire de l'architecture religieuse au moyen âge, 1 vol. et atlas. — *Paris, Derache*, 1841-1858. — Ens. 3 vol. in-8 et atlas in-4 obl. demi-rel. v. f.

1133. Antiquités celtiques et antédiluviennes. Mémoire sur l'industrie
primitive et les arts à leur origine, par M. Boucher de Perthes. *Paris,
Treuttel et Wurtz*, 1857-1864, 2 vol. in-8, fig. br.

> Tomes II et III.

1134. Dictionnaire des antiquités chrétiennes, par M. l'abbé Martigny.
Paris, Hachette, 1865, gr. in-8 à 2 col. fig. cart.

1135. Numismatique ancienne et surtout romaine. Mélanges. 1773-1865. Réunion de 11 vol. et br. avec pl.

> Travaux de MM. Charvet, Bretagne, Duquénelle, Mionnet, Jacob K, G. Jacob,
> Barthélemy.

1136. Essais de numismatique gauloise et française. Mélanges. Réunion de 30 vol. et br. de tous formats avec figures.

> Travaux de MM. Aug. Denis, Carpentin, Cartier, Lecointre-Dupont, Bretagne,
> Charvet, Jules Rouyer, B. Fillon, de Barthélemy, de Longpérier, etc.

1137. Ensayo sobre los alphabetos de las lettras desconocidas, que se
encuentran en las mas antiguas medallas y monumentos de España,
por don Luiz Joseph Velazquez. *En Madrid, Ant. Sanz*, 1752, in-4,
20 planches de médailles, demi-rel. v. bleu.

    Mouillures.

1138. Revue numismatique, publiée par E. Cartier, L. de La Saussaye,
J. de Witte et Adr. de Longpérier. *Blois et Paris*, 1850-1863, 9 vol.
in-8, planches de médailles, les 5 premiers en demi-rel. v. f. les
autres en fascicules.

    Années 1850, et 1856 à 1863 ; les années 1860 à 1863 sont en fascicules ; on a
ajouté la 2ᵉ année de l'Annuaire de la Société française de numismatique. 1867.
in-8, br.

1139. Gabrielis Putherbei Theotimus, sive de tollendis et expungendis
malis libris, iis præcipue, quos vix incolumi fide ac pietate plerique
legere queant, libri tres. *Parisiis, apud Joannem Roigny*, 1549, pet.
in-8, demi-rel. mar. r.

    Quelques mouillures.

1140. Histoire abrégée de la littérature romaine, par F. Schoell.
A Paris, chez Gide fils, 1815, 4 tomes en 2 vol. in-8, demi-rel. bas.
verte.

1141. HISTOIRE LITTÉRAIRE LA FRANCE, par des religieux bénédictins
de la congrégation de S. Maur, nouvelle édition entièrement conforme à la précédente, par M. Paulin Paris. 15 vol. —Table générale,
par Camille Rivain. 1 vol. — *Paris, V. Palmé*, 1865-1875. — Ens.
16 vol. in-4, cart. non rog.

1142. Nouveaux Mémoires d'histoire, de critique et de littérature, par
M. l'abbé d'Artigny. *Paris, Debure*, 1749-1756, 7 vol. in-8, v. f. dos
orné, fil. (*Simier fils.*)

1143. Mémoires secrets de Bachaumont de 1762 à 1787, augmentés de
notes, etc., par M. J. Ravenel. *Paris, Brissot-Thivars*, 1830, 4 vol. in-8,
demi-rel. bas. verte.

1144. Histoire de la littérature française, par D. Nisard. Troisième édition. *Paris, Didot*, 1863, 4 vol. in-12, br.

1145. La Vie au temps des trouvères, par Antony Méray. — La Vie
au temps des cours d'amour (par le même). *Paris, A. Claudin*,
1873-1876, 2 vol. in-8, br.

    Exemplaires en GRAND PAPIER.

1146. Poètes et Amoureuses, portraits littéraires du xvıᵉ siècle, par
Prosper Blanchemain. *Paris, Léon Willem*, 1877, 2 vol. in-8, port. br.

    Tiré à petit nombre.
    Exemplaire avec les portraits en double épreuve : sur CHINE AVANT LA LETTRE
et en bistre.

1147. Les Oubliés et les Dédaignés, figures littéraires de la fin du
    XVIIIe siècle, par M. Ch. Monselet. *Alençon, Poulet-Malassis et de Broise,*
    1857, 2 vol. pet. in-8, demi-rel. v. f. non rog.

1148. De Re diplomatica libri VI in quibus quidquid ad veterum in-
    strumentorum antiquitatem, materiam, scripturam et stilum quid-
    quid ad sigilla, monogrammata... quidquid ad antiquariam, histo-
    ricam forensemque disciplinam pertinet, explicatur et illustratur.
    Accedunt commentarius de antiquis regum Francorum palatiis, etc.
    Opera et studio domni Johannis Mabillon. *Luteciæ Parisiorum,*
    L. Billaine, 1681, in-fol. nombr. pl. de fac-similés de chartes et
    écritures anciennes, v. ant. marb. fil.

    Ouvrage rempli de science et d'intérêt.
    Rare et recherché.

1149. Dictionnaire raisonné de diplomatique, par Dom de Vaines. *Paris,*
    Lacombe, 1773, 2 vol. in-8, planches, v. ant. marb.

    Ouvrage très recherché et rare.

1150. Essai sur la calligraphie des manuscrits du moyen âge et sur les
    ornements des premiers livres d'heures imprimés, par E.-H. Langlois.
    Rouen, Lefèvre, 1841, in-8, fig. en fac-similé, demi-rel. mar. r. avec
    coins, tête dor. ébarbé.

1151. Documents paléographiques relatifs à l'histoire des beaux-arts
    et des belles-lettres pendant le moyen âge, par M. Aimé Champollion-
    Figeac. *Paris, P. Dupont,* 1868, in-8, br.

1152. Alphabetum Tironianum, seu notas Tironis explicandi methodus
    cum pluribus Ludovici Pii chartis, quæ notis iisdem exaratæ sunt &
    hactenus ineditæ, ad historiam & juridictionem cum ecclesiasticam,
    tum civilem pertinentibus. Labore et studio D.-P. Carpentier. *Lut.*
    Paris, Guérin, 1747, in-fol. pl. v. ant. marb.

    Exemplaire aux armes de France.

1153. Recueil d'actes des XIIe et XIIIe siècles en langue romane wallonne
    du nord de la France, publié par M. Tailliar. *Douai, Adam d'Aubers,*
    1849, in-8, demi-rel. chag. r. tête dor. ébarbé. (*Dupré.*)

1154. Margarita decreti, seu ta | bula Martiniana decreti. || (A la fin :)
    Explicit Margarita decreti que || *Martiniana vocat edita p vencra* || *bile*
    virū frēm Martinuȝ ordinis p̄ || *dicato⁊ summi pontificis penitētia* || *rium*
    z capellanū Impressa Argen || *tine anno domini m. cccc. lxxx ix* (1489),
    in-fol. 105 ff. à 2 col. goth. chag. La Vall. fil. tr. dor.

    A la fin se trouve : Quæstio disputata per Dr D. Anastasium Platum Mediola-
    nensem. S. l. n. d. 9 ff. car. ronds, et 17 ff. contenant des ordonnances des recteurs
    de l'Université de Paris, etc., du XVe siècle.
    Exemplaire du marquis DE MORANTE.
    Raccommodage au titre.

1155. Académie des inscriptions et belles-lettres. Comptes rendus. *Paris,
Impr. nationale,* 16 fascicules in-8.

Années 1875, 1876, 1877 et 1878 de janvier à septembre.

1156. Icones sive Imagines virorum literis illustrium quorum fide et
doctrina religionis & bonarum literarum studio, nostra patrumque
memoria, in Germania præsertim, in integrum sunt restituta. Recen-
sente Nicolas Reusnero, curante Bernardo Jobino. *Argentorati,* 1587,
pet. in-8, car. ital. titre et texte encadrés, portraits gr. sur bois, peau
de truie, comp. à fr.

Édition rare et recherchée pour la beauté des portraits qui y sont en PREMIER
TIRAGE.

1157. Nouvelle Biographie universelle, publiée sous la direction de
M. le Dr Hœfer. *Paris, Firmin Didot,* 1853-1866, 46 vol. in-8 à
2 col. br.

1158. Biographie des Contemporains, publiée sous la direction de
MM. Rabbé, Vieilh de Boisjolin et Sainte-Preuve. *Paris, F.-G. Levrault,*
1834-1839, 5 vol. in-8 à 2 col. br.

1159. Gallia orientalis, sive Gallorum qui linguam hebræam vel alias
orientales excoluerunt vitæ. Variis hinc inde præsidiis adornatæ
labore et studio Pauli Colomesii. *Hagæ Comitis, Ulacq,* 1665, pet.
in-4, v. ant. marb.

Fortes mouillures.

1160. Biographie nationale des Contemporains, rédigée par une société
de gens de lettres sous la direction de M. Ern. Glaeser. *Paris, Glaeser,*
1878, gr. in-8 à 2 col. demi-rel. chag. br. plats toile.

1161. Biographie des célébrités militaires des armées de terre et de
mer de 1789 à 1850, par M. C. Mullié. *Paris, Poignavant, s. d.* 2 vol.
in-8 à 2 col. demi-rel. chag. r.

1162. Biographie de la Moselle, par Em.-Aug. Bégin. *Metz, Verronnais,*
1829-1832, 4 vol. in-8, br.

1163. Annuaire nécrologique, rédigé et publié par A. Mahul. *Paris,
Baudouin,* 1821 (1re année)-1827, 5 vol. in-8, demi-rel. v.

1164. Biographies. Réunion de 16 vol. et br. de tous formats.

Marcel Canat. Marguerite de Flandre. 1860. — Th. Malvezin. Michel de Montaigne. 1875. — A. Janvier. Fr. de Jussac d'Ambleville. 1859. — Feillet. Notes
sur Abr. de Fabert (ex. en *grand papier*). — V. Cousin. Madame de Longueville.
1859. — E. de Barthélemy. La comtesse de Maure. 1863. — Oraison funèbre de
Bonaparte. 1815. — Le baron Hulot. 1884. — Oraison funèbre du Père dom Gue-
ranger. 1875. — Le premier président Nadand. 1868. — Douët d'Arcq. 1885. —
Jules Michelet, par G. Monod. 1875. — A. Delvau. Gérard de Nerval. 1865; etc.

VI. BIBLIOGRAPHIE

1165. Advis pour dresser une bibliothèque, par G. Naudé. *Paris, Targa*, 1627, in-8 de 166 pp. mar. vert, fil.

Exemplaire aux armes du marquis de MORANTE.

1166. Le Livre du Bibliophile. *Paris, Lemerre*, 1874, in-12 de 49 pp. demi-rel. mar. vert avec coins, tête dor. ébarbé. (*Lancelin*.)

Opuscule traitant du texte, de l'impression, de l'ornementation, du papier et de la reliure, imprimé avec beaucoup de soin par J. Claye.

1167. Bibliographie et curiosités bibliographiques. 19 vol. et 5 plaq. et brochures.

Essai de classification des Romans de chevalerie, par Ambr. Firmin-Didot. 1870, in-8, demi-rel. v. vert. — Essai typographique et bibliographique sur l'histoire de la gravure sur bois, par Ambr. Firmin Didot, 1863, in-8, br. — Traité de matériaux manuscrits de divers genres d'histoire, par Am.-Alex. Monteil. 1835. 2 tomes en 1 vol. in-8, demi-rel. bas. — Etablissement d'une bibliothèque, conservation et entretien des livres, etc. 1877, in-8, br. — Connaissances nécessaires à un bibliophile, par Ed. Rouveyre, 2me partie. 1880, in-8, br. — Le Luxe des livres, par L. Derome. 1879, pet. in-8. — Notice sur le Hortus deliciarum (par Le Noble). S. l. n. d. plaq. in-8, cart. — Recherches sur la bibliothèque du grand Condé, par Le Roux de Lincy. br. in-8. — Collection de livres introuvables provenant du cabinet de Jacq. Turgot, br. in-8. — Fac-similé d'un rarissime petit livre de la fin du xvie siècle : Trésor admirable de la sentence prononcée par Ponce Pilate, pet. in-8, vélin, etc.

1168. Histoire de l'Imprimerie. — Réunion de 5 vol. et 3 br.

Origine de l'imprimerie, par P. Lambinet. *Paris, H. Nicolle*, 1810, 2 vol. in-8, br. — Même ouvrage, même édition, 2 vol. in-8, demi-rel. v. viol. — Robert Estienne, imprimeur royal, et le roi François Ier, par Crapelet, 1829, br. in-8. — Des progrès de l'imprimerie en France et en Italie au xvie siècle (par le même). *Paris*, 1836, br. in-8. — Quelques mots sur l'origine de l'imprimerie, par A. Dorlan. 1840, br. in-8. — Essai sur la typographie, par M. Ambr. Firmin Didot. 1851, in-8, demi-rel. v. r.

1169. Histoire de l'Imprimerie. — Réunion de 8 vol.

Origines typographicæ, Gerardo Meerman auctore. *Hayæ Comitum*, 1765, 2 vol. in-4, cart. non rog. — Jo. D. Schoepflini Vindiciæ typographicæ. *Argentorati Bauer*, 1740, in-4, fac-similés, cart. — Notitia historico-litteraria de Libris ab artis typographicæ inventione usque ad annum 1488. Impressis : in bibliotheca Liberi, ac imperialis Monasterii ad SS. Vdalricum et Afram augustæ extantibus. *Augustæ Vindelicorum*, 1788, 2 vol. in-4, cart. — Initia typographica illus travit Jo. Frid. Lichtenberger. *Argentorati*, 1811, in-4, cart. — Recherches historiques, littéraires et critiques sur l'origine de l'imprimerie, par le P. Lambinet. *Bruxelles, an VII*, in-8, demi-rel. v. br. — Collection à vendre de monuments typographiques et autres ouvrages rares, imprimés aux xve et xvie siècles. *Offenbach*, 1840, in-8, demi-rel. bas.

1170. Essai historique sur l'imprimerie, par Jules Porthmann. *Paris, Porthmann*, 1810, in-8 de 73 pp. bas. verte, fil. tr. dor.

PREMIÈRE ÉDITION de cet opuscule, contenant les 15 pages de notes qui ont été retranchées dans la seconde édition parue en 1811, sous le titre de : *Éloge historique de l'imprimerie*.

L'auteur était imprimeur ordinaire de S. A. I. et R. Madame.

Exemplaire aux armes du marquis de MORANTE.

Transposition des pages 33 à 40.

1171. Histoire de l'Invention de l'imprimerie par les monuments (par
E. Duverger). *Paris*, 1840, in-4, fac-similés, br.

Le faux titre porte : « Album typographique exécuté à l'occasion du jubilé euro-
péen de l'invention de l'imprimerie. »

1172. De l'Origine et des débuts de l'imprimerie en Europe, par Aug.
Bernard. *Paris, Impr. impér.* 1853, 2 vol. in-8, br. — Geofroy Tory
(par le même). *Paris, Tross*, 1865, in-8, demi-rel. mar. r. dos orné,
tête dor. ébarbé. — Ens. 3 vol.

1173. Annales de l'imprimerie des Elsevier, ou Histoire de leur famille
et de leurs éditions, par Charles Pieters. Seconde édition revue et
augmentée. *Gand, Annoot-Braekman*, 1858, in-8, demi-rel. bas.
verte, non rog. — Essai bibliographique sur les éditions des Elzevirs
(par Bérard). *Paris, Firmin Didot*, 1822, in-8, br. — Ens. 2 vol.

1174. Historique de la papeterie d'Angoulême, suivi d'observations
sur le commerce des chiffons en France, par Aug. Lacroix. *Paris,
Lainé et Havard*, 1863, in-8, br.

1175. Nomenclator insignium scriptorum, quorum libri extant vel
manuscripti, vel impressi, ex bibliothecis Galliæ et Angliæ; Index-
que totius bibliothecæ, atq. Pandectarũ doctissimi atq. ingenio-
sissimi viri C. Gesneri. R. Constantino authore. *Parisiis, apud And.
Wechelum*, 1555, in-8, chag. bleu, fil. tr. dor.

Exemplaire au chiffre et aux armes du marquis de MORANTE.

1176. Index librorum ab inventa typographia ad annum 1500 : chro-
nologice dispositus cum notis historiam typographico-litterariam
illustrantibus. Hunc disposuit Fr.-X. Laire. *Senonis, Tarbé*, 1791,
2 vol. — Catalogue de livres de M*** faisant suite à l'Index... par G.
de Bure. *Paris, de Bure*, 1792. — Ens. 3 vol. in-8, demi-rel. mar. r.
à long grain, non rog.

Les deux premiers volumes ont les prix d'adjudication à l'encre.

1177. Bibliographie instructive, ou Traité de la connaissance des livres
rares et singuliers, par de Bure le jeune. *Paris, de Bure*, 1793, 8 vol.
in-8, dont 3 en v. et 5 br.

Le dernier volume est de Née de La Rochelle.

1178. Bibliothèque critique et raisonnée des mélanges de littérature
par ordre alphabétique. *Paris*, 1804, in-4, vél. vert.

MANUSCRIT contenant une bibliographie des ouvrages de littérature mélangée.

1179. Analectabiblion, ou Extraits critiques de divers livres rares, oubliés ou peu connus, tirés du cabinet du marquis D. R*** (Du Roure).
Paris, Techener, 1836, 2 vol. in-8, demi-rel. v. vert.

1180. MANUEL DU LIBRAIRE et de l'amateur de livres, par Jacq.-Ch. Brunet. *Paris, Firmin Didot*, 1860-1865, 6 vol. in-8 à 2 col. demi-rel.
mar. vert avec coins, dos orné, tête dor. ébarbés.

1181. Guide de l'amateur de livres à vignettes du xviii° siècle. Seconde
édition revue, corrigée et enrichie par Henry Cohen. *Paris, Rouquette,*
1873, in-8, front. cart. demi-perc. non rog.

1182. Henry Cohen. Guide de l'amateur de livres à figures et à vignettes du xviii° siècle. Troisième édition refondue et augmentée par
Ch. Mehl. *Paris, P. Rouquette,* 1876, in-8, à 2 col. cart. perc.

Exemplaire interfolié de feuilles blanches.

1183. Bibliographie des ouvrages relatifs à l'amour, aux femmes, au
mariage, par le comte d'I. (J. Gay). Seconde édition. *Paris, J. Gay,*
1864, in-8 à 2 col. demi-rel. mar. orange, dos orné.

1184. Les Bibliothèques françaises de La Croix du Maine et de Du Verdier, sieur de Vauprivas. Nouvelle édition, par M. Rigoley de Juvigny.
Paris, Saillant et Nyon, 1772-1773, 6 vol. in-4, v. ant. gr.

1185. Bibliographie de la France, par A. Girault de Saint-Fargeau.
Paris, Firmin Didot, 1845, in-8 à 2 col. br.

1186. Bibliotheca Borvoniensis, ou Essai de bibliographie et d'histoire,
par le Dr E. Bougard. *Chaumont et Paris,* 1865, in-8, br.

1187. Manuel du Bibliographe normand, par Ed. Frère. *Rouen, Le Bru-
ment,* 1858-60, 2 vol. in-8 à 2 col. v. marb. fil. tr. marb.

1188. Table méthodique des Mémoires de Trévoux (1701-1775), par le
P. P.-C. Sommervogel. *Paris, Aug. Durand,* 1865, 3 vol. in-12, br.

1189. Gustave Brunet. Ouvrages de bibliographie. *Paris et Bordeaux,*
1865-1873, 5 vol. in-8, rel. et br.

La France littéraire au xv° siècle. — Recherches sur diverses éditions elzevi-
riennes. — Curiosités bibliographiques et artistiques. — Livres perdus et exemplaires uniques. — Études sur la reliure des livres.

1190. Essai sur l'art de restaurer les estampes et les livres, ou Traité
sur les meilleurs procédés pour blanchir, détacher, décolorier, ré-
parer et conserver les estampes, livres et dessins, par A. Bonnardot. Seconde édition. *Paris, Castel,* 1858. — De la réparation des
vieilles reliures, complément de l'Essai sur l'art de restaurer... par
A. Bonnardot. *Paris,* 1858. — Ens. 2 ouvrages en 1 vol. pet. in-8,
demi-rel. mar. noir.

1191. Joannis Guigard. Armorial du bibliophile. *Paris, Bachelin-Deflorenne,* 1870-1873, 2 parties en 1 vol. in-8, fig. demi-rel. chag. noir.

1192. L'Art de la reliure en France aux derniers siècles, par Ed. Fournier. *Paris, J. Gay,* 1864, in-12, br.

Tiré à petit nombre.

1193. Les Manuscrits françois de la Bibliothèque du Roi, leur histoire,
celle des textes allemands, anglois, italiens, etc., de la même collection. *Paris, Techener,* 1836-1848, 7 vol. in-8, br.

1194. Inventaire sommaire et tableau méthodique des fonds conservés aux Archives nationales. 1re partie. Régime antérieur à 1789.
Paris, Impr. nat. 1871, in-4, à 2 col. br.

> Tome I.

1195. Catalogue général des manuscrits des bibliothèques publiques
des départements. *Paris, Impr. nat.* 1879, in-4, cart. non rog.

> Tome V : Metz, Verdun, Charleville.

1196. Manuscrits de la bibliothèque de Lyon, par Ant.-Fr. Delandine.
Paris, Renouard. 1812, 3 vol. in-8, v. rac.

1197. Léopold Delisle : Catalogue des manuscrits de Valenciennes. —
Catalogue des actes de Philippe-Auguste. — Inventaire des manuscrits de Saint-Germain-des-Prés; de l'Abbaye Saint-Victor; de la
Sorbonne (3 exemplaires); de Notre-Dame et d'autres fonds; des
manuscrits français de la Bibliothèque nationale, 2 vol. *Paris,* 1860-
1878. — Ens. 10 vol. ou plaq. in-8, dont br. et 1 cart.

1198. Archives de l'Empire. Inventaires et documents. Layettes du
trésor des Chartes, par M. A. Teulet. *Paris, H. Plon,* 1863, in-4, br.

> Tome I. Exemplaire en GRAND PAPIER.

1199. Inventaire alphabétique des livres imprimés sur vélin de la
Bibliothèque nationale. 1 vol. — La Bibliothèque nationale, son origine et ses accroissements jusqu'à nos jours, par T. Mortreuil. 1 vol.
Paris, Champion, 1877-1878, 2 vol. in-8, br.

1200. La Bibliothèque de Charles d'Orléans, comte d'Angoulême, au
château de Cognac, en 1496, publiée pour la première fois par
Ed. Sénemaud. *Paris,* 1861, in-8 de 93 pp. papier vergé, chag. r. fil.
à fr. dent. int. tr. dor.

> Extrait du *Bulletin de la Société archéologique et historique de la Charente.*
> Tiré à 100 exemplaires.

1201. Catalogus librorum bibliothecæ illustrissimi viri Caroli Henrici
comitis de Hoym, digestus et descriptus a Gabriele Martin. *Parisiis,
apud G. Martin,* 1738, in-8, br.

> Prix d'adjudication marqués à l'encre.

1202. Catalogue des livres de la bibliothèque de feu M. le duc de La
Vallière, par Guillaume de Bure. Première partie. 3 vol. — Deuxième
partie, 6 vol. *Paris, Guill. de Bure,* 1783-1784, 9 vol. in-8, les 3 premiers en v. ant. marb. et les 6 autres, cart.

> La première partie a les prix d'adjudication marqués à l'encre.

1203. Catalogue de la bibliothèque d'un amateur (Renouard), avec
notes bibliographiques, critiques et littéraires. *Paris, Ant.-Aug. Renouard,* 1819, 4 vol. in-8, cart. non rog.

> Exemplaire sur GRAND PAPIER VÉLIN.

1204. Catalogue des livres imprimés sur vélin de la Bibliothèque du
Roi (par Van Praet, conservateur). *A Paris, De Bure*, 1822-1828,
3 tomes et 1 supplément en 5 vol. in-8, br.

> Exemplaire en GRAND PAPIER.

1205. Catalogue des livres composant la bibliothèque poétique de
M. Viollet-le-Duc. *Paris, Hachette, Flot et P. Jannet*, 1843-47 et 1849,
3 parties en 1 vol. in-8, demi-rel. v. f. tête dor. non rog.

1206. Description bibliographique des livres choisis en tout genre
composant la librairie J. Techener. *Paris*, 1855-58, 2 vol. in-8 à
2 col. br.

1207. Catalogue raisonné des livres de la bibliothèque de M. Ambr.
F. Didot. *Paris, Didot*, 1867, in-8 à 2 col. br.

> Tome I, première livraison, seule parue.
> Exemplaire en GRAND PAPIER.

1208. Catalogue des premières productions de l'art d'imprimer en
possession de M. T.-O. Weigel, à Leipzig. Orné de 12 pl. *Leipzig,
T.-O. Weigel*, 1872, in-8, fac-similés, demi-rel. mar. r. tête dor.
ébarbé.

> Catalogue fort curieux, avec prix marqués au crayon.

1209. Catalogue des livres anciens et modernes, rares et curieux, de la
librairie Aug. Fontaine. *Paris*, 1874-77, 3 vol. in-8, br.

1210. Librairie Morgand et Fatout. Bulletin mensuel. *Paris*, 1876-
1885, 13 fasc. in-8, fac-similés, br. — Répertoire. [*Paris*, 1878-1882,
2 vol.

> Le Bulletin va du n° 1 au n° 17. Les nᵒˢ 2, 15 et 16 manquent.

1211. Catalogue d'une petite collection de livres rares manuscrits et
imprimés. *Paris, Jouaust*, 1877, in-16, demi-rel. chag. r. avec coins,
fil. tête dor. non rog.

> Collection du marquis de GANAY.
> Tirage à 100 exemplaires.

1212. Catalogues divers. *Paris*, 1728-1789. 7 vol. in-8, rel.

> Bibliotheca Colbertina. — Gaignat. — Soubise. — Dincourt d'Haugard.
> Exemplaires avec les prix d'adjudication.

1213. Catalogues divers. *Paris*, 1735-1879, 16 vol. rel. et br.

> Louis du Four. — Secousse. — Bibliothèque poétique de Viollet-le-Duc. —
> Coste. — Renouard. — Solar. — Yemeniz. — Brunet. — Morante. — Didot.

1214. Catalogues divers. 1839-1873, 8 vol. in-8, rel. et br.

> Bibliophile Jacob. — Baron de Montaran. — Prince Radziwill. — Troisième
> catalogue Techener. — Marquis Le Ver. — Baron J. Pichon. — Potier. — Sir R.
> Tufton.
> Exemplaires avec les prix d'adjudication.

1215. Mélanges bibliographiques. 5 vol. et 2 br.

> La librairie de Jean duc de Berry au château de Mehun-sur-Yèvre, 1416, publiée
> par Hiver de Beauvoir. In-12, br. — La bibliothèque de Charles d'Orléans à son

château de Blois en 1427, publiée par Le Roux de Lincy. Br. in-8. — Catalogue de la bibliothèque de François Iᵉʳ à Blois en 1518, publié par M. Michelant. Br. in-8. — Inventaire ou catalogue des livres de l'ancienne bibliothèque du Louvre, fait en l'année 1373. 1 vol. in-8, cart. — Catalogue de la bibliothèque de l'abbaye de Saint-Victor au xvıᵉ siècle. In-8, br. — Précis de l'histoire de la Bibliothèque du Roi, aujourd'hui Bibliothèque nationale, par Alfr. Franklin. Pet. in-8. demi-rel. mar. r. — La Sorbonne, ses origines, sa bibliothèque, par Alfr. Franklin. Pet. in-8, demi-rel. mar. r.

VII. MÉLANGES. — JOURNAUX. — CHARTES

1216. Elucidarius vel vo ‖ cabularius poeticus ab Hermã ‖ no Lorrentino compositus : cõti ¦ nens fabulas : historias : provinc ‖ ias : urbes : insulas : fluvios : et mõ ‖ tes illustres. ‖ Item vocabula et in ‖ terpretatiões grecorũ et hebraic⁊ una ‖ cũ vocabulis cõmunib' Saracenorũ in ‖ latinũ translatis : & aliis in fine adiũctis. (A la fin :) *Impssus in Hagenaw p industriã Henricũ Gran : im ‖ pensis circũspecti viri Joannis Rynman de Gringaw, finit ‖ feliciter Anno salutis Nostre M. D. XIIII.* (1514), in-4, goth. de 60 ff. à 2 col. non chiff. dérel.

1217. Dictionnaire de la conversation et de la lecture. *Paris, Belin-Mandar*, 1832-1839, 52 vol. in-8 à 2 col. demi-rel. v. f.

1218. Dictionnaire populaire d'histoire, de géographie et biographie, etc. par Décembre-Alonnier. *Paris, s. d.* 3 vol. in-4 à 3 col. fig. cart.

1219. Dictionnaire des dates, des faits, des lieux et des hommes historiques, publié sous la direction de M. A.-L. d'Harmonville. *Paris, Alph. Levasseur*, 1842, 2 vol. gr. in-8 à 2 col. demi-rel. bas. bleue.

1220. Dictionnaire de biographie, mythologie, géographie anciennes, traduit de l'anglais par M. N. Theil. *Paris, Firmin Didot*, 1865, pet. in-8 à 2 col. fig. demi-rel. chag. viol.

1221. Tableaux accomplis de tous les arts libéraux, contenans brièvement et clerement par singulière méthode de doctrine, une générale et sommaire partition des dicts arts, amassez et reducits en ordre pour le soulagement et profit de la ieunesse. Par monsieur Christofle de Savigny. *Paris, Jean et Fr. de Gourmont*, 1587, in-fol. front. pl. demi-rel. chag. r.

    PREMIÈRE ÉDITION, rare.
    Le titre est taché et raccommodé, ainsi que les 2 premiers feuillets.

1222. Les Histoires tragiques de nostre temps ; ou sont contenues les morts funestes & lamentables de plusieurs personnes, arrivées par leurs ambitions, leurs amours déréglées, etc... composées par Fr. de Rosset. Dernière édition revue et corrigée. *Rouen, Louis Behourt*, 1688, in-8, parch.

1223. De Ruinis gentium et regnorum adversus impios politicos libri octo. Auctore Thoma Bozio. *Coloniæ Agrippinæ*, 1598, in-8, v. f. ant.
    Exemplaire aux armes et au chiffre de J.-A. DE THOU et de MARIE BARBANÇON. Mouillures ; raccommodage au titre.

1224. De l'Origine et de l'observation des Étrennes, par Vigier. Nouvelle édition, suivie d'une notice bibliographique publiée par Adh. Sazerac de Forge. *Paris, Aug. Aubry*, 1863, br. in-8.

Exemplaire sur PAPIER CHAMOIS.

1225. Polybiblion. Revue bibliographique universelle. Publication de la Société bibliographique. *Paris, aux Bureaux de la Revue*, 1868-1878, 11 années en fascicules in-8.

D'août 1868 (1re année. tome II) à 1874 ; 1875 (moins la livraison de février); 1876 ; 1877 (moins la livraison de novembre), et l'année 1878.

1226. Bibliothèque de l'École des Chartes. Revue d'érudition, consacrée spécialement à l'étude du moyen âge. *Paris, Alph. Picard*, 1855-1885, 20 années en fascicules.

Années 1855 ; septembre 1865 à août 1866 ; 1867, moins la 1re livraison ; 1870 à 1881 ; 1882 moins la 3e livraison ; 1883 à 1886.
Tables de 1839 à 1869, 3 fascicules.

1227. Le Cabinet historique. Revue mensuelle publiée sous la direction de L. Paris. *Paris*, 1863-1883, 54 fascicules divers in-8.

Les années 1863, 1867 et 1868 sont seules complètes.

1228. Le Livre. Revue mensuelle. *Paris, A. Quantin*, 1880, 12 fascicules in-8, fig. et planches, br.

Première année.

1229. Revue historique des Ardennes, publiée par Ed. Sénemaud. *Mézières*, 1864-1867, 6 tomes en 3 vol. in-8, demi-rel. chag. grenat.

Publication devenue très rare. les derniers exemplaires ayant été détruit par le bombardement de Mézières de 1870-1871.

1230. — Le même ouvrage, 6 vol. brochés.

1231. Bulletin de la Société archéologique et historique de la Charente. *Angoulême*, 1845-1887, 31 vol. in-8, les 5 premiers en demi-rel. v. f. la suite brochée.

Années 1845 à 1852 ; 1856 à 1872 ; 1875 à 1883. et 1886.

1232. Revue de l'Aunis, de la Saintonge et du Poitou. *La Rochelle et Niort*, 1867-1869, 3 années, en fascicules.

IVe année, 1867. — Ve année, 1868. — VIe année, 1869.

1233. Revue d'Aquitaine, scientifique et littéraire. *Poitiers*, 1875-1876, 24 fascicules in-8.

Première année.

1234. Lettre de Louise, mère du roi, duchesse d'Angoumois, Anjou, Bourbonnais, etc., à Philbert Babou, trésorier de France et général des finances. Charte sur parchemin, datée et signée de Saint-Germain-en-Laye, 25 mai 1528, pièce in-4 obl. sur parchemin.

Elle lui ordonne de faire délivrer au couvent de Notre-Dame des Célestins de Lyon diverses dîmes de Glesy, de l'année 1527-1528, à charge pour les religieux de prier pour la prospérité du roi et la prompte délivrance de ses enfants.
Signée : *Loyse*, et plus bas : *Par madame, De Vercle.*

1235. Quittance de la somme de 200 écus, donnée par Jehan de La
Rochebeaucourt, sieur de Saint-Mesme, commandant à Saint-Jean
d'Angély, en l'absence du prince de Condé, à René Rousseau, à
l'acquit d'Anthoine de Chaulnes, trésorier provincial de l'extraordinaire de la guerre au département de Piémont. Signée : *Saint-Mesme*,
et datée du 13 septembre 1583, pièce in-8 obl. sur parchemin.

1236. Quittance de la somme de 200 écus, donnée par François de
Jussas d'Ambleville, gouverneur à Coingnac (Cognac?), à Jehan du
Tramblay, trésorier général de l'extraordinaire des guerres du département de Piémont. Signée : *Ambleville*, et datée du 10 mai 1594,
pièce in-8 obl. sur parchemin.

1237. Diane de France, fille et sœur légitimée de rois, duchesse d'Angoulême, douairière de Montmorency, etc.. quittance signée, datée
de Vincennes, 18 juin 1599, 1 page in-4.

> Elle déclare avoir reçu du Sr de Monceaux, au nom du duc de Bouillon, la
> somme de 83 écus un tiers, à elle dùe comme arrérages d'une rente constituée par
> le duc à Mlle de Charansonnay, et dont ladite demoiselle lui avait fait donation.

1238. Lettre du duc de La Rochefoucauld aux échevins et habitants de
Saint-Maixant. Signée : *La Rochefoucauld*, et datée de Verneuil,
10 novembre 1636, 1 page in-4.

> Cachets aux armes du duc.
> Ce duc de La Rochefoucauld est le père de l'auteur des *Maximes*.

1239. Quittance de la somme de 300 écus d'or, donnée par Joachim de
la Chétardie, commandant à Saverne, à Louis Jossier, sieur de La
Joustière, trésorier général des guerres et cavalerie légère et datée
de novembre 1676, pièce in-8 obl. sur parchemin.

1240. Certificat pour entrer aux Invalides, délivré à un soldat du régiment de Crussol par le duc d'Uzès. Signature autographe et cachet
du duc d'Uzès, 5 août 1698, 1 page in-4.

1241. Chartes et Archives, 1829-85. Réunion de 6 br.

> Charte de commune en langue romane pour la ville de Gréalou en Quercy,
> publiée par M. Champollion-Figeac. — Rapport sommaire sur l'ensemble des
> archives de l'Angoumois. — État des inventaires-sommaires et des autres tra-
> vaux relatifs aux archives de France, par Léop. Pannier. — Recueil des Chartes
> nvc langue française du xiiie siècle, conservées aux archives départementales de
> l'Indre. Par E. Hubert. Etc.

1242. LIVRES EN LOTS.

TABLE DES DIVISIONS

DEUXIÈME PARTIE

Paris. — Typ. G. Chamerot, 19, rue des Saints-Pères. — 22175.

www.ingramcontent.com/pod-product-compliance
Lightning Source LLC
LaVergne TN
LVHW021744170726
843503LV00004B/1726